# CADERNOS DE PROCESSO DO TRABALHO

# N. 43

## AÇÃO RESCISÓRIA

## QUINTA PARTE

De acordo com a Lei n. 13.467/2017 (Reforma Trabalhista)

Dedico este Caderno

ao Armando Casimiro Costa Filho, *in memoriam*.

**Manoel Antonio Teixeira Filho**

Advogado — Juiz aposentado do TRT da 9.ª Região – Fundador da Escola da Associação dos Magistrados do Trabalho do Paraná — Professor Emérito do Centro Universitário de Curitiba-Unicuritiba – Professor na Escola da Magistratura do Trabalho do Paraná — Membro do Instituto Latinoamericano de Derecho del Trabajo y de la Seguridad Social — do Instituto de Direito Social do Brasil —da Société Internacionale de Droit du Travail et de la Sécurité Sociale— do Instituto dos Advogados do Paraná — da Academia Nacional de Direito do Trabalho – da Academia Paranaense de Letras Jurídicas – do Instituto dos Advogados de São Paulo.

# CADERNOS DE PROCESSO DO TRABALHO

# N. 43

## AÇÃO RESCISÓRIA

## QUINTA PARTE

**De acordo com a Lei n. 13.467/2017 (Reforma Trabalhista)**

LTr®

LTr®

**LTr Editora Ltda**



Rua Jaguaribe, 571
CEP 01224-003
São Paulo, SP — Brasil
Fone (11) 2167-1101
www.ltr.com.br
Dezembro, 2021

Produção Gráfica e Editoração Eletrônica: PIETRA DIAGRAMAÇÃO
Projeto de capa: DANILO REBELLO
Impressão: META BRASIL

Versão impressa— LTr 6348.0 — ISBN 978-65-5883-115-0
Versão digital— LTr 9831.2 — ISBN 978-65-5883-123-5

Dados Internacionais de Catalogação na Publicação (CIP)

(Câmara Brasileira do Livro, SP, Brasil)

Teixeira Filho, Manoel Antonio

Cadernos de processo do trabalho, n. 43: ação rescisória: quinta parte/Manoel Antonio Teixeira Filho. – 1. ed. – São Paulo: LTr, 2021. "De acordo com a Lei n. 13.467/2017 (reforma trabalhista)"

Bibliografia.

ISBN 978-65-5883-115-0

1. Ação rescisória – Brasil 2. Direito processual do trabalho 3. Direito processual do trabalho – Brasil I. Título.

21-87797 CDU-347.9:331(81)

Índice para catálogo sistemático:

1. Brasil: Direito processual do trabalho 347.9:331(81)

Cibele Maria Dias – Bibliotecária – CRB-8/9427

# SUMÁRIO

## 4. Contestação

É a mais tradicional das modalidades de resposta do réu às pretensões deduzidas pelo autor.

Examinemos, a seguir, as principais disposições do CPC sobre a contestação: Art. 335. O réu poderá oferecer contestação, por petição, no prazo de 15 (quinze) dias, cujo termo inicial será a data:

> I — da audiência de conciliação ou de mediação, ou da última sessão de conciliação, quando qualquer parte não comparecer ou, comparecendo, não houver autocomposição;
>
> II — do protocolo do pedido de cancelamento da audiência de conciliação ou de mediação apresentado pelo réu, quando ocorrer a hipótese do art. 334, § 4º, inciso I;
>
> III — prevista no art. 231, de acordo com o modo como foi feita a citação, nos demais casos.
>
> § 1º No caso de litisconsórcio passivo, ocorrendo a hipótese do art. 334, § 6º, o termo inicial previsto no inciso II será, para cada um dos réus, a data de apresentação de seu respectivo pedido de cancelamento da audiência.
>
> § 2º Quando ocorrer a hipótese do art. 334, § 4º, inciso II, havendo litisconsórcio passivo e o autor desistir da ação em relação a réu ainda não citado, o prazo para resposta correrá da data de intimação da decisão que homologar a desistência.

### 4.1 Introdução

Entre as formas legalmente previstas de resposta do réu às pretensões manifestadas pelo autor a contestação figura, sem dúvida, como a mais importante. Assim afirmamos porque se o réu deixar, por exemplo, de oferecer exceção, as consequências danosas para o seu círculo jurídico serão, por certo, muito menos graves do que as derivantes da falta de contestação, conforme procuraremos demonstrar ao longo das páginas seguintes.

Devemos, aliás, desde logo observar que a falta de contestação caracteriza não só a revelia, senão que traz consigo, quase sempre, a aceitação tácita da veracidade dos fatos alegados na petição inicial, segundo o ônus da impugnação especificada, de que se ocupa o art. 341, do CPC, e que está implícito no art. 844, *caput*, parte final, da CLT.

A contestação representa, por assim dizer, a forma clássica de resposta do réu, sendo, por isso, a mais frequente de todas, inclusive, no terreno do processo do trabalho. Mais do que isso, ela é uma expressão dos regimes democráticos, aos quais repugna a ideia de que alguém possa ser condenado sem haver recebido oportunidade para defender-se. Kafka, em *O Processo*, bem nos demonstra as consequências disso. A história política dos povos demonstra que o direito de defesa, em sentido amplo — no qual se inclui o processual — tende a ser coarctado ou cerceado nos regimes de vocação ditatorialescos. Os argumentos dos acusados não convêm aos tiranos.

Vista a contestação, sob a perspectiva estritamente processual, podemos afirmar que se traduz na mais alta manifestação do princípio da bilateralidade, segundo o qual o juiz não deve emitir nenhuma decisão acerca de pedido ou requerimento formulado por uma das partes sem ouvir, antes, a parte contrária. Só em situações verdadeiramente excepcionais, expressamente previstas em lei, será lícito ao juiz atender à solicitação de um dos litigantes sem audiência prévia do outro, como se passa, *e. g.*, nos domínios das tutelas de urgência e na ação de mandado de segurança.

Nenhum princípio tuitivo do patrimônio jurídico do trabalhador, por mais fortes e inveteradas que sejam as razões históricas e políticas em que se assente, será capaz de justificar eventual eliminação do direito de defesa do empregador — ou do réu, em geral. Mesmo nos sítios peculiares do processo do trabalho seria inconcebível a ideia de que a tutela dos direitos dos trabalhadores pudesse (ou devesse) ser empreendida, na prática, mediante o sacrifício do direito de resposta do seu adversário.

Ao direito subjetivo público, do trabalhador, de ver apreciada pelo Poder Judiciário qualquer ameaça ou lesão de direito (Const. Federal, art. 5º, XXXV), corresponde o do empregador (ou do réu, em sentido amplo) de responder às pretensões deduzidas pelo adversário (Const. Federal, arts. 5º, V e LV, por extensão). Veja-se, porém, que a lei não exige que o réu **responda** à ação, mas, sim, que lhe seja oferecida a **oportunidade** para responder, se o desejar. Como anotamos, páginas atrás, se a exigência legal fosse de que o réu efetivamente respondesse estaríamos diante de uma norma absurda, não tanto pelo fato de impor que alguém se defendesse contra a sua vontade, mas, acima de tudo, por propiciar aos maus réus condições de fazer com que o procedimento não tivesse curso enquanto não resolvessem demover-se de seu intuito de não responder.

Tanto no sistema do processo civil, quanto no do processo do trabalho, portanto, o réu resistirá (estamos cogitando da contestação) às pretensões formuladas pelo autor se isso for de sua conveniência. O que importa, reitere-se, é a concessão de **oportunidade** para que se defenda.

Quando falamos em autor e réu não estamos a nos referir, necessariamente, a trabalhador e empregador, segundo essa ordem nominal. Embora, na ampla maioria dos casos, no processo do trabalho o autor seja o trabalhador, e o réu, o empregador; há situações em que essas posições se invertem, passando o empregador a figurar no polo ativo da relação processual, e o autor, no passivo, como se dá, por exemplo, nos (impropriamente) chamados "inquéritos" para apuração de falta grave (CLT, art. 494), na ação de exigir contas (CPC, arts. 550/553) e na reconvenção (CPC, art. 343). Essa ocasional alteração topológica, todavia, em nada altera o direito de ampla defesa, constitucionalmente assegurado (art. 5º, LV) — que, na hipótese, será exercido pelo trabalhador.

### 4.2. Etimologia e conceito

O substantivo **contestação** é originário da forma latina *contestatio*, de *contestari*. Para Antenor Nascentes, contudo, o termo provém de *contestare*, cujo significado é o de contender com alguém por meio de testemunhas (*testis*) e de provas, embora tenha adquirido o sentido antonímico de refutar (*Dicionário etimológico da língua portuguesa*. 1 ª ed., 2ª tir., Rio de Janeiro, 1955. p. 133).

Desde há muito, os estudiosos se preocupam em enunciar um conceito de contestação; assim, colhem-se, na seara doutrinal, entre outros, os seguintes: "É a direta contradição do réu à ação do autor" (João Monteiro); "É a negação dos fatos em que se apoia o direito em ação ou a adução de outros que importem o seu desaparecimento" (Affonso Fraga). Os conceitos reproduzidos, no entanto, são, *data venia*, insuficientes para refletir o verdadeiro alcance da contestação. O de João Monteiro, *v. g.*, peca por aludir, apenas, à direta contradição do réu, como se não fosse possível a ocorrência da denominada "defesa indireta"; o de Affonso Fraga, conquanto tenha o mérito de insinuar a possibilidade de haver defesa indireta, não refere a viabilidade de a contestação ter um objeto meramente processual.

Para nós, a contestação consiste no instrumento pelo qual o réu se opõe, direta ou indiretamente, às pretensões formuladas pelo autor. Justifiquemos o conceito.

Em regra, a contestação se dirige ao direito material alegado pelo autor, aos pedidos por este formulados (*res in iudicio deducta*), seja para negar a existência da situação jurídica em que se baseia a pretensão, seja para contrapor um fato que faça eliminar tal situação. Em vários casos, entretanto, o réu, antes de resistir às pretensões de direito material do autor, apresenta objeções de ordem puramente processual, como é o caso das preliminares, a que alude o art. 337, do CPC e de alguns dos incisos do art. 485, do mesmo Código. É o que a doutrina tem denominado de "defesa processual".

Sendo assim, qualquer conceito de contestação, para ser completo, deve considerar, também, a defesa processual ou indireta. Em suma: a contestação pode ser como objeto não somente a pretensão deduzida pelo autor, de direito material (defesa direta), como o próprio processo (defesa indireta). Na defesa direta, como ficou dito, o réu visa a obter um provimento jurisdicional que rejeite os pedidos apresentados pelo autor; na indireta, ele se dirige ao processo como instrumento pelo qual o autor impetra a tutela da jurisdição, seja para obter a extinção do processo sem julgamento do mérito, seja para sanar eventuais irregularidades processuais.

Em princípio, na contestação, o réu não formula pedidos, não deduz nenhuma pretensão, senão que resiste a ela. Sob este aspecto, pode-se asseverar que a contestação não altera as dimensões da lide, não modifica, enfim, os lindes objetivos da entrega da prestação jurisdicional, embora deva ser reconhecido que ela amplia o campo de cognição do juiz, pelo trazimento de fatos capazes de modificar, de impedir ou de extinguir o direito em que o autor funda a ação. Os limites da lide são estabelecidos pelo autor, na petição inicial. Somente na reconvenção (CPC, art. 343) é que o réu formula pretensões, oportunidade em que se transforma em autor, para os efeitos dessa modalidade reversiva de resposta.

**4.3. Escorço histórico**

Não há uma uniformidade doutrinária quanto ao momento em que a contestação surgiu no direito romano. Para alguns, ela já era encontrada no período das *legis actiones*; para outros, no entanto, só apareceu na época do processo formulário.

Uma coisa é certa: a contestação já era conhecida na fase do processo por fórmulas, em que aparecia com as denominações de *lis ordinata, iudicium acceptum, constitutum* etc.

Esse processo se caracterizava pelo fato de determinadas fórmulas de ações e de defesas serem elaboradas por jurisconsultos, cabendo aos litigantes pronunciá-las em juízo, na presença do pretor. O rigorismo dessas fórmulas fazia com que se a parte deixasse de mencionar uma única sílaba ou palavra não lhe fosse concedida a ação. Se o fosse, o pretor autorizaria o uso da ação, cabendo ao autor formular as suas alegações, e ao réu, responder. Tanto as alegações do autor quanto as do réu deveriam ser comprovadas por meio de testemunhas, derivando daí a denominação de litiscontestação (*litis et cum testatio*).

A *litiscontestatio* constituía, por isso, o procedimento por meio do qual se firmava, com testemunhas, o acordo necessário para a formação da instância.

Com Justiniano, a contestação da lide sofreu algumas alterações (mas não deixou de existir), seja quanto à forma, à natureza ou aos efeitos. Basta observar que se estabelecia entre as partes um outro contrato, que não afetava a relação jurídica original, em que se baseava a *res in ludicio deducta,* e que permitia a reparação do erro causado na ação durante todo o curso do processo.

Na síntese de Affonso Fraga, a contar do momento em que se formava a *litiscontestatio,* surgia um vínculo obrigatório que unia as partes, sujeitando-as a acatar os efeitos que produzia, e que eram estes: a) cada litigante tinha o direito de exigir que a demanda prosseguisse da maneira como fora iniciada, e que fosse resolvida por sentença; b) os pontos essenciais da causa se consideravam fixados, não podendo, por essa razão, o autor modificá-los; c) nenhum dos contendores poderia alienar o objeto ou o direito disputado; d) o autor, se vencedor na demanda, devia ser reposto na situação em que se encontraria se a sentença fosse prolatada ao tempo do surgimento da *litiscontestatio*; e) o objeto da lide deveria, no caso de a sentença ordenar a sua restituição, ser entregue com os seus pertences e acessórios, da mesma forma como se achava à época em que a lide foi contestada; f) a obrigação proveniente da instância atingiria o patrimônio de ambos os litigantes; g) a contestação da lide interrompia a prescrição, tanto a aquisitiva quanto a extintiva (*Instituições do processo civil do Brasil*. Tomo II. São Paulo: Saraiva, 1940. p. 269).

Em termos gerais, o direito canônico abeberou-se dessas disposições do direito romano, conquanto haja efetuado pequena adaptação da *litiscontestatio*, mediante as alterações introduzidas pelos glosadores na Idade Média.

Conforme pudemos ver, a fase processual *in jure* se realizava ante o magistrado, culminando com a *litiscontestatio*, por meio da qual os litigantes se obrigavam a prosseguir no processo, perante o juiz nomeado (fase *apud iudicem*) e a acatar a sentença que fosse por ele proferida. A *litiscontestatio* não deixava de representar, também, o momento formal em que o réu se opunha às pretensões do autor, advindo dessa particularidade, provavelmente, o fato de o vocábulo passar para os tempos modernos com o sentido de contestação, de defesa e de objeção.

O CPC de 1939 não dedicou mais do que dois artigos (180 e 181) à contestação. O Código de 1973, ainda que haja disciplinado a matéria em quatro artigos (300 a 303), fê-lo de maneira minuciosa. O CPC atual a regula em oito artigos (335 a 342). A CLT, por sua vez, em nome de uma concisão injustificável, cuida do tema em único artigo (846), e, ainda assim, sem aludir às matérias que podem ser objeto de defesa, exceto quanto à compensação e à retenção, que são previstas no art. 767.

### 4.4. Finalidade e efeitos

Vista sob os interesses do réu, podemos sustentar que a contestação se destina a permitir-lhe que se oponha aos fatos e pretensões deduzidas pelo autor. Que se defenda, enfim, seja de maneira direta, atacando o direito material em que se funda a *res in iudicio deducta*, seja indireta, oferecendo objeção ao próprio processo.

Convém rememorar que a contestação figura como uma das espécies de resposta do réu, à qual é inerente a noção de resistência e de oposição. Se o réu reconhecer a "procedência" do pedido (CPC, art. 487, III, "a") não estará, por certo, oferecendo contestação, e, sim, manifestando uma espécie de **resposta**, que, ao contrário, implica reconhecimento do direito alegado pelo adversário.

A contestação, como asseveramos há instantes, constitui uma das mais significativas expressões dos regimes democráticos, de tal maneira que a doutrina e a jurisprudência não devem admitir eventual renúncia do réu ao direito de se defender. O que se tolera é a possibilidade de o réu, citado, deixar de responder à ação.

Examinada, porém, sob o ângulo de seus efeitos processuais, a contestação possui esse escopo característico de definir os limites objetivos da lide (e, não, necessariamente do mérito, como procuramos demonstrar a seguir). Efetivamente, embora a inicial estabeleça os limites do pedido, das pretensões formuladas pelo autor, à contestação se reserva a finalidade de fixar os contornos da lide, entendida esta, na lição carnelutiana, como a pretensão resistida. Sob este aspecto, é correto dizer que, sem resistência, não há lide, embora o processo possa ser extinto mediante resolução do mérito como acontece, *v. g.*, em casos como o de revelia.

A contestação faz surgir, ainda, a preclusão das razões de defesa que não foram alegadas no momento oportuno, exceto se: a) relativas a fato ou direito superveniente; b) competir ao juiz conhecer delas de ofício; c) por expressa autorização legal puderem ser formuladas em qualquer tempo e juízo (CPC, art. 342, I a III).

Por outros termos, podemos dizer que cabe à contestação definir os lindes da controvérsia, para os efeitos da produção de provas. Deveras, se só podem ser destinatários de prova os fatos controvertidos (além de pertinentes, relevantes e determinados), e se os fatos não impugnados especificamente fazem gerar a presunção de sua veracidade (CPC, art. 341), logo se percebe que a contestação também atua no sentido de delimitar o campo da prova. Se o réu deixar de impugnar algum fato alegado pelo autor, tal fato se tornará incontroverso, razão por que o juiz não deverá permitir que o réu produza prova a respeito.

A propósito do assunto, convém advertir que o juiz, com vistas à instrução processual deverá, sempre, empenhar-se em realizar uma leitura meticulosa da petição inicial e da contestação, a fim de inteirar-se acerca dos limites da controvérsia, com o que evitará duas situações desagradáveis, não raro encontradas na prática, consistentes em: a) deferir a produção de provas desnecessárias; b) indeferir a produção de provas necessárias. O mesmo se afirme, particularmente, quanto à instrução oral, em que, muitas vezes, o juiz defere perguntas (dirigidas às partes ou às testemunhas) que dizem respeito a fatos incontroversos (e vai, nisso, uma perda de atividade jurisdicional, com resultados, quase sempre, tumultuários) ou indefere as que têm como objeto fatos controvertidos, imaginando que não os sejam (e, desse modo, restringe ou cerceia o direito de defesa da parte, rendendo ensejo à arguição de nulidade processual).

### 4.5. Defesas direta e indireta

As defesas do réu podem se dirigir, em essência: a) ao mérito da causa; ou b) ao próprio processo.

Talvez seja prudente esclarecer que estamos tomando o vocábulo defesa em seu significado estrito de contestação, motivo por que não estamos a fazer referência, *e. g.*, às exceções (incompetência, impedimento e suspeição).

Não vemos, também, maior proveito prático na classificação da contestação em: a) direta, como sendo aquela em que o réu nega o fato constitutivo do direito do autor; e b) indireta, pela qual opõe um fato modificativo, impeditivo ou extintivo do direito do adversário (MOREIRA, José Carlos Barbosa. *O novo processo civil brasileiro*. 4 ª ed. Rio de Janeiro: Forense, v. I, p. 65).

A classificação fundamental, medular, deve ter em mira, de um lado, o direito material alegado pelo autor (contestação direta), e de outro, o processo (contestação indireta). Tudo o mais, *concessa venia*, representa a "quinta roda do carro", no terreno da realidade prática. Assim, se o réu contesta a estabilidade no emprego pretendida pelo autor, pouco importa se está alegando um fato modificativo, impeditivo ou extintivo desse direito, pois a verificação, sob esse ângulo, só interessa ao tema do ônus da prova. Como conceito, a contestação, na espécie, será direta, porquanto voltada para o direito material em que se funda a ação. Se o réu asseverar, no entanto, que não houve citação, que o juízo é absolutamente incompetente, que a inicial é inepta, que há perempção, litispendência, coisa julgada ou conexão, que o autor é carecedor da ação etc., estará realizando uma contestação pela via indireta, porquanto o seu alvo, nesse momento, não é o direito material (estabilidade no emprego), mas o universo poliédrico do processo, como método estatal de solução dos conflitos de interesses.

Apreciada a matéria sob o aspecto pragmático, a contestação indireta deve anteceder à direta, como patenteia o art. 337, do digesto de processo civil, conquanto ambas sejam realizadas na mesma peça.

### 4.6. Exceção e contestação

O Código de Processo Civil de 1939, sob o influxo da tradição doutrinal, aludia à exceção como sendo toda e qualquer defesa indireta, fosse quanto ao mérito ou quanto ao processo. Estatuía o seu art. 4: "**O juiz não poderá pronunciar-se sobre o que não constitua objeto do pedido, nem considerar exceções não propostas para as quais seja por lei reclamada a iniciativa da parte**" (destacamos).

Em resumo, aquele Código considerava exceção não só a defesa que tivesse por objeto a incompetência, o impedimento, a suspeição, a litispendência e a coisa julgada, mas o próprio mérito da causa, sempre que o réu alegasse fato modificativo ou extintivo do direito do autor, pois essa espécie de defesa era igualmente havida como indireta. Pelo que se tem notícia, o anteprojeto do Código de 1973, elaborado pelo Prof. Alfredo Buzaid, mantinha essa orientação; entrementes, por força de Emenda introduzida no Senado, rompeu-se com essa tradição, para atribuir à palavra exceção um senso mais estrito, do qual foi excluída a defesa indireta de mérito. Entendemos que a modificação foi acertada, pois todo o ataque ao mérito, à *res in iudicio deducta*, deve ficar reservado, verdadeiramente, à contestação, tendo em conta o fato de que o autor visa a obter um pronunciamento a respeito do mérito (que lhe seja favorável, é óbvio), daí por que a objeção que ele vier a manifestar quanto ao fundo da demanda deve receber o nome de contestação — ainda que esta possa dirigir-se, também, a certos aspectos do processo.

No sistema do Estatuto de Processo Civil de 1973, portanto, a contestação tanto poderia voltar-se para o mérito da causa (direito substancial) ou para o processo (no geral, sob a forma de preliminares), ficando reservada para a exceção as arguições de incompetência relativa do juízo, de impedimento ou de suspeição do juiz (CPC, arts. 304 a 314).

O CPC em vigor rompeu com o Código de 1973, conforme demonstramos, ao eliminar as exceções de incompetência, de suspeição e de impedimento. A primeira deve ser manifestada como preliminar da contestação (art. 64); a segunda e a terceira, por meio de petição específica (art. 146).

*Caput* e incisos. Não se aplica ao processo do trabalho a regra do art. 335 do CPC, que prevê a contestação: a) por escrito; b) nos prazos estabelecidos em seus incisos I a III.

No processo do trabalho a contestação (assim como a exceção): a) pode ser formulada oralmente; b) na audiência (CLT, art. 847), que deverá a ser a primeira desimpedida no prazo de cinco dias que se seguir à citação ("notificação") do réu (CLT, art. 841, *caput*).

Ainda sobre o art. 335 do CPC

Conquanto o Código de Processo Civil e o processo do trabalho não indiquem os requisitos formais para a validade da contestação, é certo que esta se rege, em determinados pontos, pelas disposições do CPC atinentes à petição inicial (art. 319).

Desta maneira, a contestação deverá mencionar:

a) o juízo para o qual é dirigida. Na petição inicial, não há condições de o autor apontar o juízo a que se dirige, pois este só será conhecido após a distribuição, exceto se houver, na base jurisdicional, uma só Vara do Trabalho. Ao elaborar a contestação, entretanto, o réu já tem conhecimento de qual seja o juízo, razão por que deverá mencioná-lo. Se houver equívoco na referência ao juízo, mas a contestação for entregue àquele por onde se processa a ação, essa escorregadela não acarretará a nulidade do ato, nem qualquer prejuízo processual ao réu. A mesma solução não poderia, entretanto, ser adotada se a contestação, embora aludindo ao juízo correto, fosse entregue em juízo diverso daquele para o qual a petição inicial foi distribuída. É verdade que há uma certa divergência doutrinária acerca do assunto, mas, pelo que nos cabe opinar, um dos requisitos para que se repute efetivamente realizada a contestação é a sua entrega no **juízo competente**. Realmente, não basta que o réu se defenda: é imprescindível que o faça no juízo incumbido de proceder à entrega da prestação jurisdicional invocada pelo autor. Reconhecemos, todavia, que esse problema não é muito frequente no processo do trabalho, porquanto a resposta do réu (e, em particular, a contestação), de modo geral, é oferecida em audiência, sendo, por isso, raro acontecer de a sua apresentação dar-se perante juízo diverso. Uma dessas exceções é a contestação em ação civil pública nos casos em que o juiz fixa prazo para a sua apresentação fora da audiência.

Estamos, em nossas considerações, pressupondo a contestação por escrito, forma pela qual, por força do costume, ela vem sendo apresentada. Se ela for realizada sob a forma oral, em audiência, é evidente que não fará sentido exigir que o réu refira, inicialmente, o juízo;

b) nomes, prenomes, estado civil, existência ou não de união estável, profissão, domicílio e residência das partes. Em rigor, essas indicações são desnecessárias na contestação, por já constarem da petição inicial. Nada impede, contudo, que a contestação as repita, no tocante ao réu. Em outros casos, há erro, na inicial, quanto ao nome, prenome, estado civil, profissão — e, até mesmo, domicílio e residência — do réu, sendo necessário que a contestação os corrija, lembrando, todavia, que, em geral, no processo do trabalho que o réu está constituído sob a forma de pessoa jurídica, quando, então, o equívoco da inicial pode estar contida na denominação comercial, no número de inscrição no CNPJ etc.

A propósito, há situações, p. ex., em que a inicial qualifica a ré como sociedade de economia mista, quando esta é entidade autárquica. Diante disso, é indispensável que a contestação chame a atenção do juízo para o fato, pois sendo a ré uma autarquia será beneficiária das prerrogativas inscritas no Decreto-Lei n. 779/1969, dentre as quais se inclui o prazo em quádruplo para contestar, em dobro para recorrer, e a remessa *ex officio*, na hipótese de o pronunciamento jurisdicional ser-lhe desfavorável;

c) O procedimento. Caberá ao réu, também, quando for o caso, impugnar o procedimento adotado pelo autor. Digamos que este haja atribuído à causa um valor inferior a quarenta salários mínimos, a fim de que a causa seja regida pelo procedimento sumaríssimo (CLT, art. 852-A). Se o réu pretender que o procedimento seja o ordinário, por estar convencido que o valor da causa excede a quarenta salários mínimos, deverá manifestar-se a esse respeito na contestação. Mesmo no silêncio do réu, o juiz poderá determinar (*ex officio*, portanto), a conversão do procedimento, quando a própria petição inicial contiver elementos que deixem patente que o valor dos pedidos (ou da causa) não corresponde ao procedimento escolhido pelo autor;

d) Os fatos e os fundamentos jurídicos do pedido. Esse requisito, próprio da petição inicial, deve ser adaptado à contestação, de tal modo que esta mencionará os fatos e os fundamentos jurídicos pelos quais o réu resiste às pretensões deduzidas pelo adversário;

e) O pedido e suas especificações. Outrora, o réu, na contestação, não efetuava pedidos, senão que, apenas se opunha às pretensões do autor. Agora, ele pode contrapor pedidos aos formulados pelo autor. Reiteremos: essa contraposição será efetuada após a contestação, mas na mesma peça processual;

f) O valor da causa. Incumbe ao autor, no processo civil, indicar, logo na inicial, o valor da causa. No processo do trabalho, porém, se a peça inaugural for omissa quanto a esse valor, caberá ao juiz arbitrá-lo, nos termos do art. 2º, *caput*, da Lei n. 5.584/1970.

Mencionando, a inicial, o valor da causa, e com ele não concordando o réu, deverá impugná-lo (art. 293). A impugnação, conforme o art. 337, III, do CPC, deve ser feita como preliminar na contestação e não tem efeito suspensivo do processo. O autor poderá manifestar-se sobre a impugnação no prazo que o juiz lhe assinar. O incidente será solucionado na sentença. Não havendo impugnação pelo autor, haverá preclusão — exceto para o juiz que, em determinados casos, poderá alterar *ex officio* o valor atribuído à causa (art. 292, § 3º, e 337, § 5º, combinado com o inciso III do mesmo artigo).

Se o valor da causa foi fixado pelo juiz (por ser a inicial omissa, neste ponto), a parte que não concordar com o valor poderá, nas razões finais, impugná-lo; se o juiz o mantiver, terá, o interessado, o prazo de 48 horas para pedir, ao Presidente do Tribunal correspondente, a revisão desse *quantum*.

Diz a Lei n. 5.584/1970 (art. 2º, § 2º) que o pedido de revisão não tem efeito suspensivo, o que é absurdo (o mesmo constava do art. 261 do CPC revogado. Com efeito, imaginemos que o juiz tenha arbitrado à causa um valor inferior a dois salários mínimos. Nesse caso, não só a sentença que vier a ser proferida será irrecorrível (exceto se implicar transgressão de norma constitucional), como "será dispensável o resumo dos depoimentos, devendo constar da Ata a conclusão da Junta (atualmente, Vara) quanto à matéria de fato" (Lei n. 5.584/1970, art. 2º, § 3º). Ora, segundo a Lei citada, o juiz poderia fazer constar da ata, tão somente, a conclusão quanto à matéria factual, por tratar-se de ação da alçada exclusiva do órgão de primeiro grau. Se, no entanto, por força de pedido de revisão feito pela parte, o Presidente do Tribunal modificar o valor, elevando-o, por exemplo, para o equivalente a três ou mais salários mínimos, haverá nulidade da instrução, porquanto não se fez inserir na ata o depoimento das partes e das testemunhas, senão que uma síntese conclusiva acerca dos fatos — que só seria justificável se a ação fosse da alçada exclusiva da Vara. Com a elevação do valor da causa, por decisão unipessoal e irrecorrível do Presidente do Tribunal, a sentença poderá ser impugnada por meio de recurso, oportunidade em que será lícito ao recorrente alegar a nulidade da instrução oral do procedimento em virtude de a ata não conter as declarações prestadas pelas partes e pelas testemunhas.

Na realidade, há uma falha da Lei n. 5.584/1970 quanto ao **momento** em que a parte poderá impugnar o valor que o juiz arbitrar à causa. Se esse momento fosse ato contínuo, dando-se efeito suspensivo à impugnação, seguramente ficaria afastado o risco de nulidade processual, derivante do fato de, em virtude da alteração do valor da causa feita pelo Presidente do Tribunal, dever constar da ata a íntegra dos depoimentos dos litigantes e das testemunhas, e, não apenas uma simples conclusão da Vara quanto à matéria de fato.

g) As provas com que pretende demonstrar a verdade dos fatos alegados. Esta é uma disposição aplicável tanto ao autor (inicial) quanto ao réu (contestação). Está intimamente ligada ao ônus da prova (CLT, art. 818).

Para sermos francos, o processo do trabalho nem sequer exige que o autor aluda às provas que pretende produzir oportunamente (nem à citação do réu, nem ao valor da causa). Basta uma simples leitura do art. 840, § 1º, da CLT. Logo, se assim é com relação à inicial não há motivo para que seja diferente quanto à contestação. Pela natural influência que o processo civil exerce no espírito dos advogados que atuam na Justiça do Trabalho, estes tendem a transportar, para o procedimento desta, certas exigências ou particularidades daquele. Uma delas é, justamente, a menção dos meios de prova de que a parte se valerá. Embora o processo do trabalho não proíba, como é elementar, essa referência, não menos exato é que não a exige. Logo, se o réu deixar de expressar, na contestação, os meios de prova com que buscará demonstrar a verdade dos fatos em que se funda a defesa, isso não terá efeito preclusivo, pois faz parte do sistema singular do processo do trabalho a possibilidade de produção de provas (por ambas as partes, aliás), independentemente de requerimento expresso.

Apesar de havermos dito, no início deste tópico, que os requisitos da contestação correspondem, *mutatis mutandis*, aos legalmente previstos para a petição inicial, é necessário acrescentar que, ao contrário do que se passa com a inicial, a falta de qualquer desses requisitos não torna a contestação "inepta", de sorte a justificar o seu "indeferimento". Pior seria pensar-se que haveria, além disso, a extinção do processo sem exame do mérito, em manifesto benefício para o infrator.

Se o réu deixar, *e. g.*, de indicar os fatos e os fundamentos jurídicos de sua resistência à pretensão, estará, muitas vezes, deixando de contestar as alegações expendidas pelo autor, fazendo com que sejam presumidas verdadeiros (CPC, art. 341, *caput*), ficando, por isso, dispensada a prova dos fatos a que elas dizem respeito. Se, por outro lado, o réu deixar de impugnar o valor atribuído à causa, na inicial, a presunção legal é de aceitação tácita desse valor, conquanto o juiz possa, por sua iniciativa, alterar esse valor quando ocorrer a situação descrita no art. 292, § 3º, do CPC. Deixando a contestação de apontar o nome e o prenome, o estado civil, a profissão, o domicílio e a residência do réu etc., o fato não terá, em princípio, nenhuma consequência, como ponderamos, pois esses elementos de informação constam da petição inicial. Problema haverá se o réu, devendo retificar eventuais incorreções contidas na inicial acerca desses dados, descurar-se de fazê-lo.

### 4.7. A contestação no processo eletrônico

No processo eletrônico, a contestação não é apresenta em audiência, nem sob a forma física (impressa). Nos juízos que adotam esse tipo de processo o réu é citado para comparecer à audiência destinada, exclusivamente, à tentativa de conciliação, constando do mesmo instrumento a informação de que se não houver acordo ele disporá de cinco dias (ou outro prazo que o juiz assinar) para apresentar defesa por meio eletrônico. Esse prazo é contado da data da audiência.

Indagamos: esse procedimento é **legalmente** admissível? Do ponto de vista da Lei n. 11.419/2006, sim. Todavia, sob a perspectiva específica do processo do trabalho legislado o mencionado procedimento é questionável. Devemos lembrar que nos termos do art. 850, *caput*, da CLT, a defesa deve ser apresentada **em audiência**. Embora a praxe forense tenha admitido que a defesa possa ser feita por escrito (e não oralmente, como é de lei), ela, mesmo assim, deverá ser apresentada em audiência. Isso significa dizer que estamos considerando ilegal a exigência de que, no processo eletrônico, a contestação seja apresentada fora da audiência? Necessariamente, não. Em primeiro lugar, devemos observar que nem tudo aquilo que não está de acordo com a lei é ilegal; em segundo, que a própria praxe forense acabou consagrando a apresentação de defesa escrita, ainda que o art. 850, parágrafo único, da CLT, deixe evidente que deveria ser formulada oralmente; em terceiro, a mesma praxe admitiu a apresentação de defesa escrita fora da audiência, em certos casos, como de ações cautelares, de ação civil pública etc.; em quarto, não podemos ignorar os avanços da tecnologia eletrônica e a incorporação de seus benefícios pelo processo do trabalho. Um desses benefícios consiste na possibilidade de a defesa poder ser apresentada até as 24 horas do último dia do prazo (art. 3º, parágrafo único).

Fizemos alusão ao fato de a praxe forense trabalhista haver consentido na apresentação da defesa: a) por escrito; e b) fora da audiência para demonstrar que ao lado do processo da lei (*due process os law*) há o processo da praxe, sem que este possa ser considerado ilegal. Uma das virtudes do processo da praxe consiste em sua capacidade de responder, com maior rapidez e eficiência às novas exigências que emanam do dinamismo das relações jurídicas — capacidade de que o processo da lei, notoriamente, é destituído. *Mutatis mutandis* é o argumento que se pode utilizar para justificar a adoção do processo eletrônico no âmbito da Justiça do Trabalho.

Em razão disso, concluímos: no processo eletrônico a apresentação da defesa, fora da audiência e em prazo preestabelecido pelo magistrado, pode ser admitida com fundamento no princípio da instrumentalidade, segundo o qual "Quando a lei prescrever determinada forma, o juiz considerará válido o ato se, realizado de outro modo, lhe alcançar a finalidade" (CPC, art. 277). Se o processo civil, mais formalista do que o processo do trabalho, é dotado de normas como a do art. 277, por mais forte razão o processo do trabalho deve nutrir-se do princípio expresso nessas normas. Somente se houver manifesto prejuízo ao réu é que se poderá inquinar de nula a exigência de que, no processo eletrônico, a contestação seja apresentada fora da audiência. A esse respeito é oportuno ressaltar a regra inscrita no art. 794 da CLT: "Nos processos sujeitos à apreciação da Justiça do Trabalho só haverá nulidade quando resultar dos atos inquinados manifesto prejuízo às partes litigantes". Poderá haver nulidade nos casos em que a parte estiver atuando em juízo pessoalmente (CLT, art. 791, *caput*), pois talvez não tenha conhecimentos suficientes das disposições da Lei n. 11.419/2006, nem os aparatos tecnológicos necessários à apresentação da defesa por meio eletrônico.

Ainda; como, no sistema do processo do trabalho, a primeira proposta de conciliação antecede à formulação da defesa (CLT, arts. 846, *caput*, e 847), o procedimento adotado por alguns juízes do trabalho, no processo eletrônico, consistente em designar audiência específica para a tentativa de conciliação, contando-se daí o prazo para a apresentação da defesa, está em harmonia com os dispositivos legais mencionados.

Entretanto, não podemos concordar com o procedimento adotado por alguns juízes, nos processos eletrônicos, consistente em mandar citar o réu para comparecer à audiência destinada à conciliação, devendo, na mesma oportunidade, apresentar documentos (em papel), como termo de rescisão do contrato de trabalho, recibos de pagamento de salários, de férias, de 13ºs salários etc., **sob pena de revelia e confissão**. No mesmo instrumento de citação faz-se o esclarecimento de que no prazo de cinco dias, contado da audiência, o réu deverá apresentar, por meio eletrônico, contestação e documentos, *sob pena de revelia e confissão*. Como se percebe, esse procedimento da praxe apresenta duas oportunidades em que se poderá considerar o réu revel e confesso: a) se não comparecer à audiência de conciliação; b) se, comparecendo à referida audiência, deixar de apresentar contestação no prazo fixado. Ora, se, no caso da letra "a", a audiência é destinada, exclusivamente, à conciliação, vale dizer, à solução consensual do conflito de interesses, torna-se aberrante dos princípios e transgressora das normas legais incidentes a possibilidade de considerar-se revel (e confesso) quem não estava — nos termos do instrumento de citação — obrigado a oferecer contestação nessa oportunidade; a propósito, a contestação nem mesmo seria aceita, se apresentada. Que se considere o réu revel se não oferecer contestação por meio eletrônico no prazo de cinco dias (ou de outro, que o juiz assinar), contado da audiência, é algo com o que podemos concordar, pelas razões já expostas. O que se nos apresenta inadmissível é reputar-se revel quem deixar de comparecer a uma audiência na qual nem mesmo poderia apresentar contestação!

É necessário dizer que os senhores juízes do trabalho não devem se entusiasmar em excesso com as novas tecnologias eletrônicas aplicáveis ao processo do trabalho, a ponto de ignorarem determinadas garantias processuais **fundamentais** que a Constituição da República oferece aos jurisdicionados, em especial, as do contraditório, da ampla defesa e do devido processo legal. Com maior prudência deverão agir os magistrados quando pretenderem aplicar o processo eletrônico nos casos em que uma das partes — ou ambas — esteja atuando em juízo pessoalmente, ou seja, no regular exercício do *ius postulandi* que lhe atribui o art. 791, *caput*, da CLT.

§ 1º Ressalvado o nosso entendimento de que não se aplica ao processo do trabalho o art. 335 do CPC, devemos dizer que, nos termos do § 1º, havendo regime litisconsorcial passivo, e ocorrendo a situação prevista no art. 334, § 6º, o termo inicial da previsto no inciso II será, em relação a cada litisconsorte, a data de apresentação do respectivo pedido de cancelamento da audiência.

§ 2º Verificando-se a hipótese do art. 334, § 4º, inciso II, e havendo regime litisconsorcial passivo, o autor desistir da ação quanto a réu ainda não citado, o prazo para a resposta passará a fluir da data da intimação da decisão homologatória da desistência.

Art. 336. Incumbe ao réu alegar, na contestação, toda a matéria de defesa, expondo as razões de fato e de direito com que impugna o pedido do autor e especificando as provas que pretende produzir.

Comentário:

A matéria constava do art. 300 do CPC revogado.

Estamos diante do "princípio da eventualidade", a que se refere a doutrina.

O vocábulo **processo**, do latim *processus*, sugere a ideia de avançar, de ir adiante. O procedimento, que constitui as suas "vestes formais", traduz o conjunto de atos, legalmente preordenados, que devem ser praticados pelo juiz, pelas partes, por terceiros, pelos serventuários, com a finalidade de preparar o provimento jurisdicional de fundo: a sentença, que é, sem dúvida, o principal acontecimento do processo, o seu ponto de culminância e de exaustão.

Por isso, deixamos dito em linhas passadas que todos os atos praticados no processo visam, direta ou indiretamente, com maior ou menor intensidade, à sentença de mérito, que, sob este aspecto, representa o polo de atração magnética de tais atos, legal e logicamente encadeados.

Esse objetivo de "seguir adiante", que é inerente ao processo (e ao procedimento), ficaria, por certo, gravemente comprometido se fosse possível, como regra, a regressão a fases anteriores do procedimento, ou seja, o retrocesso. A fórmula que o legislador encontrou para impedir esse retroceder foi a preclusão, designadamente, a "temporal". Encarada sob esse aspecto, a preclusão pode ser conceituada como o expediente legal destinado a evitar o recuo do procedimento a fases anteriores, já consumadas; subjetivamente considerada, entretanto, a preclusão corresponde à perda de um direito ou de uma faculdade processual, pelo fato de não haverem sido exercidos no momento oportuno.

A preclusão é, portanto, uma das notas características do processo judicial, inclusive, o trabalhista.

Se estamos a falar, neste momento, de preclusão, é, justamente, porque dela deriva o princípio da eventualidade, por força do qual o réu deve alegar, na contestação, toda a matéria de defesa (CPC, art. 336). Por isso, o princípio em exame também foi chamado "da concentração", por José Alberto dos Reis, uma vez que a defesa do réu deve ser concentrada na contestação.

Já é possível perceber, a esta altura, que enquanto a preclusão diz respeito a ambas as partes, e, em alguns casos, aos terceiros, o princípio da eventualidade está jungido, apenas, ao réu. A denominação atribuída a esse princípio é apropriada, pois é como se o réu devesse dizer: "na eventualidade de o argumento que acabo de expor não ser acatado, submeto à consideração do juízo este outro...", ou: "na eventualidade de ser acolhido o pedido do autor, peço que me seja reconhecido o direito quanto a fazer tal coisa, ou a deixar de fazê-la". Em suma, a atitude que se exige do réu é de que, na oportunidade da contestação, apresente todos os requerimentos cabíveis ou todos os argumentos úteis ou necessários à sua defesa, ainda que lhe pareça ser suficiente um só desses argumentos. Essa exigência, que está na base do princípio da eventualidade, se destina não apenas a evitar o retorno a fases já vencidas do procedimento, senão que também a impedir uma outra espécie de tumulto do procedimento, consistente na apresentação, pelo réu, de outras alegações ou de novos requerimentos, relativos aos mesmos fatos, segundo as circunstâncias de cada momento.

Se, por exemplo, o réu impugnar o fato constitutivo do direito invocado pelo autor, e, além, disso, pretender a compensação de alguma quantia que entende lhe haver pago a mais, deverá alegá-la (requerê-la) na contestação, pois a compensação é matéria de defesa, como esclarece o art. 767, da CLT. Se não o fizer, e o direito postulado pelo autor vier a ser reconhecido pela sentença, não poderá deduzir as quantias que pagara, comprovadamente.

O princípio da eventualidade não significa, como se possa imaginar, que o réu deva formular todos os tipos de **respostas** que o caso concreto ensejar.

Esse princípio está circunscrito à **contestação**, que nada mais é do que uma das modalidades de resposta do réu, como vimos. Estabelece, com efeito, o art. 336, do estatuto processual civil, que "compete ao réu alegar, **na contestação**, toda a matéria de **defesa**" (destacamos).

Não importa, conseguintemente, em face da norma legal reproduzida, qual seja a matéria de defesa: todas elas devem ser alegadas na contestação, sob pena de preclusão. É bem verdade que a própria lei refere algumas exceções a esse princípio. Três delas constam do art. 342, do CPC, a saber: a) quando as alegações forem relativas a direito superveniente; b) quando competir ao juiz conhecer delas *ex officio*, como a incompetência absoluta, a inépcia da inicial, a perempção, a litispendência, a coisa julgada, a conexão e a continência, a carência da ação etc.; c) quando, por expressa disposição de lei, puderem ser formuladas em qualquer tempo e juízo, como a incompetência absoluta (CPC, art. 64, § 1º). A prescrição figura como uma das matérias que podem ser alegadas em qualquer tempo e grau de jurisdição (Código Civil, art. 193), embora, dela, o juiz, no sistema do processo civil, possa conhecer *ex officio* (CPC, art. 332, § 1º).

Em livros anteriores, dissemos que sob a perspectiva **ética** nada justificava o fato de a parte silenciar-se sobre a prescrição, ao contestar os pedidos do autor, reservando-se para fazê-lo, a seu exclusivo alvedrio, nas razões finais, no recurso ou na sustentação oral — como se o processo e suas regras devessem ficar sujeitos aos caprichos dos litigantes.

Se, como asseveramos no início deste comentário, o processo encerra a noção de um "marchar para a frente", em direção à sentença de mérito, e a preclusão representar um expediente legal devotado à necessidade de impedir um retorno a fases ultrapassadas do procedimento (retrocesso), fica evidente que a opinião de que a prescrição extintiva poderia ser alegada, pela primeira vez, mesmo em grau de recurso, conspiraria, duramente, contra os objetivos que levariam o legislador a redigir o art. 336, do CPC.

Quantas vezes a realidade prática — essa vestal a quem ninguém ilude — já demonstrou que, após uma lide extenuante, que consumiu tempo, paciência e, não raro, dinheiro do trabalhador, este vê todo o seu sacrifício ser em vão quando o tribunal, acolhendo a alegação de prescrição, feita no recurso do réu, extingue o processo com exame do mérito (CPC, art. 487, II). Quanta atividade jurisdicional também não foi aí desperdiçada em virtude da negligência ou, o que é pior, da astúcia do réu! Tudo isso, em nome do art. 193, do Código Civil, que, segundo nossa óptica, foi fulminado pelo art. 336, do CPC — não sem grande tardança. O art. 193, do Código Civil, deu causa, inúmeras vezes, a transgressões aos princípios éticos do processo, por parte de alguns réus, e deixou, atrás de si, legiões de vítimas.

Nem se diga que o art. 337, do CPC, não faz referência à prescrição. Esse dispositivo legal, como se sabe, declara que o réu deverá, antes de discutir o mérito, alegar as matérias constantes dos incisos I a XIII, dentre as quais, como se afirmou, não se inclui a prescrição. Ora, esses incisos do art. 337 dizem respeito às **preliminares**; a prescrição extintiva, como se sabe, é **prejudicial** de mérito, exatamente porque se liga a este. Assim, não poderia o legislador introduzir a prescrição no rol das preliminares a que alude o art. 337, do CPC.

Também não se contra-argumente que o art. 342, III, do CPC, permite ao réu deduzir novas alegações quando, por expressa autorização legal, puderem ser formuladas em qualquer tempo e juízo, pois essa dicção legal se refere a fatos novos (não a "direitos supervenientes", pois esta matéria está prevista no inciso I do mesmo dispositivo), não à prescrição, que, para esse efeito, deve ser tida como fato antigo.

Estes nossos argumentos, no entanto, pareceram perder um pouco a relevância que pudesse ter, em virtude da superveniência da Lei n. 11.280/2006, que deu nova redação ao § 5º, do art. 219, do CPC de 1973, por força do qual o juiz deveria pronunciar, **de ofício**, a prescrição.

O CPC em vigor, todavia, não reproduziu, de maneira expressa, essa regra, fato que poderia motivar-nos a sustentar o ponto de vista de que o juiz já não pode pronunciar, por sua iniciativa, a prescrição. Entretanto, ao dispor que o juiz rejeitará, liminarmente, o pedido quando, entre outras coisas, "verificar, desde logo, a ocorrência de decadência ou de prescrição", o art. 332, § 1º, do CPC revela que o juiz — no plano do processo civil — continua podendo conhecer *ex officio* da prescrição. Assim dizemos porque a rejeição liminar do pedido deverá ocorrer "independentemente de citação do réu".

Uma ponderação indispensável: os juízes do trabalho devem ser extremamente cautelosos na aplicação do art. 336 do CPC quando o réu estiver atuando sem advogado, conforme lhe faculta o art. 791, *caput*, da CLT (*ius postulandi*). Não podemos nos esquecer que a precitada norma legal foi elaborada com vistas a um processo no qual, por princípio, a presença do advogado é indispensável (CPC, art. 103, *caput*).

Art. 337. Incumbe ao réu, antes de discutir o mérito, alegar:

I — inexistência ou nulidade da citação;

II — incompetência absoluta e relativa;

III — incorreção do valor da causa;

IV — inépcia da petição inicial;

V — perempção;

VI — litispendência;

VII — coisa julgada;

VIII — conexão;

IX — incapacidade da parte, defeito de representação ou falta de autorização;

X — convenção de arbitragem;

XI — ausência de legitimidade ou de interesse processual;

XII — falta de caução ou de outra prestação que a lei exige como preliminar;

XIII — indevida concessão do benefício de gratuidade de justiça.

§ 1º Verifica-se a litispendência ou a coisa julgada quando se reproduz ação anteriormente ajuizada.

§ 2º Uma ação é idêntica a outra quando possui as mesmas partes, a mesma causa de pedir e o mesmo pedido.

§ 3º Há litispendência quando se repete ação que está em curso.

§ 4º Há coisa julgada quando se repete ação que já foi decidida por decisão transitada em julgado.

§ 5º Excetuadas a convenção de arbitragem e a incompetência relativa, o juiz conhecerá de ofício das matérias enumeradas neste artigo.

§ 6º A ausência de alegação da existência de convenção de arbitragem, na forma prevista neste Capítulo, implica aceitação da jurisdição estatal e renúncia ao juízo arbitral.

## Comentário

*Caput*. Ocupava-se do tema o art. 301 do CPC revogado.

A norma especifica, em treze incisos, as matérias que o réu deve alegar antes de impugnar o mérito.

Como o autor, via de regra, invoca a prestação da tutela jurisdicional para promover a reparação de direito material lesado, ou para evitar que a lesão se consume, é natural que a defesa do réu tenha como objeto, quase sempre, esse direito invocado pela contraparte.

O autor, entretanto, para demandar em juízo, deve atender a determinados requisitos exigidos pelas leis processuais, uma vez que o processo não é propriedade das partes, senão que — como tantas vezes dissemos — método ou técnica pelo qual o Estado soluciona os conflitos de interesses estabelecidos entre os indivíduos ou as coletividades. Por outro lado, sob o aspecto do direito material, o processo possui caráter instrumental, porquanto o seu fim radica no interesse da parte de que as coisas se disponham, em concreto, conforme aquele direito.

*À defesa que tenha como alvo o direito material do autor, ou seja, a própria res in iudicio deducta,* costuma-se denominar de direta. Nenhuma falta contra o senso lógico haveria, contudo, se viéssemos a chamá-la de defesa típica, justamente porque, em termos clássicos e históricos, a reação jurídica do réu sempre teve como centro de provocação o direito material alegado pelo autor.

Em algumas situações, todavia, o réu, antes de manifestar-se sobre as questões de fundo da demanda, verifica que o autor não respeitou as normas processuais incidentes (*due process of law*); caber-lhe-á, diante disso, formular as objeções de natureza processual, que o caso comportar. Trata-se, aí, de defesa indireta, pois não tem em mira o direito material sustentado pelo autor, mas o próprio processo.

Essas objeções, por antecederam, topologicamente, à impugnação do mérito, recebem, por isso mesmo, o nome de preliminares. Sob o rigor dos princípios processuais e acribológicos, entrementes, não são preliminares de mérito, mas, sim, preliminares ao mérito.

O efeito prático (e jurídico, por certo) mais expressivo dessas preliminares é revelado pela possibilidade de — tirantes raras exceções —, quando acolhidas, acarretarem a extinção do processo, sem pronunciamento jurisdicional acerca do mérito (CPC, art. 485).

Dessa regra legal, extrai-se a conclusão de que as preliminares representam uma espécie de obstáculos eficientes ao julgamento do mérito, pois dotadas de aptidão para dar cobro ao processo sem que o juiz possa, em princípio, se pronunciar a respeito das pretensões formuladas pelo autor.

Por motivos de ordem presumivelmente pragmática, o CPC (art. 337) arrola as preliminares que devam ser suscitadas pelo réu, na contestação — sendo sempre recomendável lembrar que, posto de parte a convenção de arbitragem e a incompetência relativa, delas o juiz pode (e deve) conhecer *ex officio* (*ibidem*, § 5º).

Inciso I. Citação. A citação, contanto que regularmente efetuada, tem a finalidade de abrir, para o réu, a oportunidade de exercer o seu direito constitucional de ampla defesa (Const. Federal, art. 5º, LV), em face das alegações expendidas pelo autor. Esse direito de resposta constitui cláusula inerente aos Estados Democráticos de Direito, pois não é concebível que alguém venha a ser condenado sem haver podido se defender, ou seja, sem que tenha recebido, do Estado, a possibilidade de apresentar a sua versão acerca dos fatos da causa.

Desse modo, se não houve citação (inexistência), ou se esta foi realizada mediante violação de norma legal (nulidade), incumbirá ao réu, na contestação, antes de impugnar o mérito da causa, alegar o fato. O verbo incumbir, utilizado na redação da norma legal em estudo demonstra que estamos diante de um ônus do réu. É necessário esclarecer, entrementes, que em determinados casos, como os de inexistência ou de nulidade de citação, o juiz pode conhecer *ex officio* dessas matérias, por serem de ordem pública.

Citação inexistente é aquela que não houve, que não foi realizada; já citação nula é a que, embora tenha sido efetuada, o foi contra as normas legais regentes. Ato inexistente é o não ato, o *nihil* jurisdicional. É ato que, por não atender a uma exigência fundamental da lei, só existe materialmente (vale dizer, no mundo sensível), e, não, juridicamente.

Se bem refletirmos, veremos que o problema da inexistência do ato processual é algo que precede à sua validade, pois sem que o ato efetivamente exista, não se pode, por uma questão de lógica elementar, dizer se é válido, ou não. A existência constitui, assim, pressuposto para a verificação da validade do ato.

Uma das características mais expressivas dos atos inexistentes repousa na desnecessidade de uma ação judicial específica, declaratória do seu não-ser, conquanto o exercício dessa ação, em determinados casos, seja aconselhável. Não estamos, com esta opinião, a afirmar que a inexistência prescinda de um pronunciamento jurisdicional a respeito, e, sim, que ela não precisa ser, sempre, objeto de ação declaratória, inversamente, portanto, ao que se passa com a nulidade, que reclama a ação rescisória, se já tornada imutável a sentença pela autoridade da coisa julgada material.

A citação constitui ato de extrema importância para regular constituição da relação jurídica processual: autor/Estado/réu (tríplice angularidade). Mais do que isso, é o ato pelo qual se dá ciência ao réu da existência da ação, a fim de que, desejando, possa exercer o direito constitucional ao contraditório e à ampla defesa. Conforme afirmamos quando do comentário ao art. 238 do CPC, a citação não é ato pelo qual se convoca o réu para integrar a relação processual. O verbo convocar, por possuir um sentido de compulsoriedade, é inapropriado, pois o ato de defender-se entra na faculdade do réu. Por isso, preferimos conceituá-lo como o ato por meio do qual se cientifica o réu quanto à existência da ação; a partir disso, caberá a ele, segundo seu prudente arbítrio, decidir se contestará, ou não os termos da petição inicial, sabendo, por certo, das consequências processuais de sua eventual opção pelo silêncio (CPC, arts. 341 e 344).

Convém repisarmos: a citação se apresenta como um ato processual de suprema importância para o réu, pois é por meio dessa comunicação processual que ele fica ciente da existência da ação. A citação pode ser tida, portanto, como a mais elevada manifestação do princípio constitucional do contraditório, que se encontra umbilicalmente atada à cláusula processual do devido processo legal (*due process of law*), consagrada pela Suprema Carta Política do País (art. 5º, LIV). Considerada sob esse ângulo, a citação não deixa de refletir um enunciado característico dos regimes democráticos.

Consta do art. 280, do CPC, a advertência de que a citação (assim como a intimação) será nula quando realizada sem observância das prescrições legais. O atendimento a essas prescrições figura, sem dúvida, como uma garantia do direito de defesa do réu. Em que pese à redação imperativa do preceito legal indicado, não podemos ignorar que o processo não é um fim em si mesmo, mas um simples instrumento de tutela do direito material (conquanto saibamos que a ação constitui um direito abstrato de agir, cujo exercício não reclama, necessariamente, a presença de um direito material).

Exatamente por isso, a jurisprudência trabalhista, com sua vocação vanguardeira, acabou por placitar o procedimento adotado por alguns juízos de primeiro grau, consistente em realizar a citação do réu residente ou estabelecido em outra jurisdição sem o instrumento formal da carta precatória, mas pelo correio, com aviso de recebimento. Certamente inspirado nesse procedimento, o art. 247 do CPC declara que a citação será efetuada pelo correio **para qualquer comarca do país**, exceto nos casos ali previstos.

Inciso II. **Incompetência**. Não é de todo equivocado o conceito, há muito difundido pela doutrina, de que a competência constitui a medida da jurisdição que as leis atribuem aos órgãos do Poder Judiciário. Afinal, embora os juízos possam deter, em regra, jurisdição a respeito de determinado limite territorial, nem sempre terão competência para apreciar as lides ocorrentes dentro desses lindes.

Além de traduzir esse elemento delimitador da porção jurisdicional, a competência figura como um princípio constitucional do processo, em nosso meio, pois a Suprema Carta Política Federal, em vigor, inscreveu, no Capítulo dos Direitos e Garantias Individuais e Coletivos, a solene declaração de que ninguém será processado nem sentenciado "**senão pela autoridade <u>competente</u>**" (art. 5º, LIII); (destacamos).

A competência, do mesmo modo como a jurisdição, não é de quem a quer, mas de quem a lei a atribui. Portanto, esse **possuir de competência** emana de norma legal, porquanto não fica reservado ao arbítrio dos juízes definir a sua competência, seja quanto à matéria, ao valor, à pessoa, ao local, à hierarquia e o mais. No caso específico da Justiça do Trabalho, a sua competência é material, estando fixada no art. 114, da Constituição da República.

Rigor à frente, pode-se dizer que a competência não está ligada à pessoa física do juiz, senão que ao juízo, pela mesma razão lógica que o impedimento e a suspeição, ao contrário, dizem respeito ao juiz, nunca ao juízo.

São absolutas as incompetências em razão da matéria, da pessoa e da hierárquica; logo, será relativa a que disser respeito ao território e ao valor.

No sistema do CPC revogado, somente a incompetência absoluta poderia ser objeto de preliminar da contestação; a relativa deveria ser arguida por meio de exceção.

O CPC atual, em atitude acertada, determina que ambas as incompetências sejam alegadas como **preliminar** da contestação (arts. 64 e 337, II). Dissemos ter sido acertada essa modificação introduzida pelo legislador, porque simplificou o procedimento ao dispensar o uso da exceção para veicular a incompetência relativa. Conforme temos sustentado ao longo deste livro, espera-se que a doutrina e a jurisprudência trabalhista se sensibilizem quanto à utilidade dessa inovação do CPC para o processo do trabalho, sendo necessário, para isso, conferir uma interpretação derrogante dos arts. 799 a 802, da CLT, que cuidam das exceções. Essa atitude do intérprete trabalhista tanto mais se justifica se considerarmos a sobrevivência do art. 791, *caput*, da CLT, que atribui às partes a faculdade de atuar em juízo sem o patrocínio de advogado. Sem essa atitude, a incompetência relativa continuará sendo objeto de exceção.

Inciso III. **Incorreção do valor da causa**. O art. 292 do CPC indica os critérios objetivos que o autor deverá observar para efeito de indicar, na petição inicial, o valor da causa. Em termos gerais, essa norma do CPC é aplicável ao processo do trabalho. Em todo o caso, remetemos o leitor aos comentários específicos que lançamos ao art. 292. Pois bem. Se o autor se desvencilhar dos critérios estampados na precitada norma legal, incumbirá ao réu, em preliminar, sob pena de preclusão, alegar a incorreção do valor dado à causa, cabendo ao juiz decidir o incidente (CPC, art. 293). Essa decisão, por ter caráter interlocutório, é irrecorrível no processo do trabalho (CLT, art. 893, § 1º).

Embora possa configurar-se a preclusão para réu, isso não impedirá que o juiz, *ex officio*, altere o valor atribuído à causa, sempre que houver, por parte do autor, desacato aos critérios fixados pelo art. 292 do CPC, ou quando a causa não possuir um conteúdo econômico imediato.

Inciso IV. **Inépcia da petição inicial**. Regra geral, a jurisdição se mantém em um estado de inércia, motivo por que o exercício dessas funções, pela magistratura, deve ser provocado pelo interessado (CPC, art. 2º). Assim o é, porquanto seria algo comprometedor da estabilidade das relações sociais e jurídicas que se cometesse ao juiz o poder de sair pelo mundo a fomentar lides. Demais, esse poder o faria imparcial, tendencioso, pois estaria a substituir-se ao autor. A provocação do exercício desse poder-dever estatal, a que se chama jurisdição, deve emanar, como salientamos, da parte, na exata medida do seu interesse em obter essa tutela jurisdicional, com o objetivo de preservar um bem ou uma utilidade da vida.

A petição inicial, tomada por essa óptica, representa o instrumento pelo qual o interessado torna ativa a jurisdição, retirando-a do estado inercial a que há pouco aludimos.

Em face de sua elevada importância para o processo, a petição inicial tem a sua validade condicionada ao atendimento de determinadas exigências legais. Além disso, ela estabelece os limites subjetivos e objetivos da lide, pois não apenas identifica as pessoas envolvidas no conflito de interesses como define, quantitativamente, as pretensões que deseja ver acolhidas pelo provimento jurisdicional invocado. Em suma, a petição se revela como uma espécie de estalão, pelo qual se delimita, subjetiva e objetivamente, a lide, para os efeitos do art. 492, do CPC, dentre outros. Ao juiz será defeso proferir sentença que conceda mais (*ultra*) ou fora (*extra*) do que foi pedido, assim como conceder menos (*minus*) do que o direito assegura à parte (CPC, arts. 141 e 492).

No processo do trabalho, os requisitos para a validade da petição inicial são os indicados no art. 840, § 1º, da CLT; no CPC, constam do art. 319. Cumpre ressaltar que no processo do trabalho, ao contrário do civil, não se exige que o autor, na petição inicial: a) aponte os meios de prova com os quais pretende demonstrar a veracidade dos fatos narrados; b) mencione o valor da causa, porquanto este, no silêncio do autor, será fixado pelo juiz, na forma do art. 2º, da Lei n. 5.584/1970.

A petição inicial será inepta quando: a) lhe faltar o pedido ou a causa de pedir; b) o pedido for indeterminado; c) da narração dos fatos não decorrer, de maneira lógica, da conclusão; d) contiver pedidos inconciliáveis entre si (CPC, art. 330, § 1º, I a IV). Antes, contudo, de pronunciar a inépcia da inicial caberá ao juiz fixar prazo para que os defeitos ou irregularidades sejam sanados, no prazo de quinze dias (CPC, art. 321). Somente se o autor não emendar ou completar a inicial, nesse prazo, com a finalidade de proceder ao saneamento determinado, é que a petição será indeferida (CPC, arts. 321, parágrafo único, e 330), com a consequente extinção do processo sem resolução do mérito (CPC, art. 485, I).

Incorrerá, portanto, em erro de procedimento o juiz toda vez que indeferir a petição inicial sem propiciar ao autor a oportunidade para emendá-la ou completá-la, no prazo de quinze dias (CPC, art. 321).

Inciso V. **Perempção.** Foge ao escopo deste livro empreender uma investigação aprofundada sobre os conceitos de prescrição extintiva, decadência e perempção. Deve ser dito, de modo objetivo, que a perempção, ao contrário da decadência, não extingue o direito material que dava conteúdo à ação, cujo processo foi desfeito. Opostamente, ainda, à prescrição extintiva, a perempção não afeta a pretensão de direito material: apenas inibe o exercício da invocação da tutela jurisdicional. Na perempção, portanto, não só o direito material, como a pretensão que a ele corresponde, ficam incólumes, razão pela qual podem ser alegados como matéria de defesa.

Casos típicos de perempção, no processo do trabalho, são os estampados nos arts. 731 e 732, da CLT. Este último estabelece, em particular, que se o autor der causa a duas extinções consecutivas do processo (sem julgamento do mérito), em virtude de sua ausência injustificada à audiência (denominada, pela praxe forense, de "inicial"), "incorrerá na pena de perda, pelo prazo de seis meses, do direito de reclamar perante a Justiça do Trabalho". O processo civil de 1973 era dotado de norma assemelhada, mas com efeito mais contundente, como evidenciava o seu art. 268, parágrafo único, por força do qual a extinção do processo, por três vezes, em decorrência de abandono da causa, impediria o autor de intentar a ação, novamente, perante o mesmo réu, ficando-lhe assegurada, porém, a faculdade de alegar o seu direito (material) em defesa.

O CPC atual reproduziu a regra no art. 486, § 3º.

Conquanto tenhamos dito que a perempção se trata de matéria de defesa, estamos convencidos de que as disposições contidas na CLT estão em antagonismo com o art. 5º, inciso XXXVI, da Constituição Federal em vigor, que proíbe a exclusão, do conhecimento jurisdicional, de qualquer lesão de direito ou ameaça de lesão. Sob esse prisma, estamos em boa sombra para julgar que os arts. 731 e 732, da CLT, foram revogados pelo art. 141, § 4º, da Constituição Federal de 1946 — que, aliás, "redemocratizou" o País, livrando-o do período ditatorial que marcou a vigência da Carta outorgada em 1937. Houve, no caso, revogação, porque o texto constitucional referido foi editado posteriormente aos arts. 731 e 732, da CLT. Se a cronologia fosse inversa, o que teríamos seria a inconstitucionalidade desses artigos da CLT. Há, por isso, inconstitucionalidade do § 3º, do art. 486, do atual CPC.

O fato de o autor poder alegar em defesa o seu direito (CPC, art. 486, § 3º), não elimina o contraste dos arts. 731 e 732, da CLT, e do próprio art. 486, § 3º, do CPC, com a Constituição da República, até porque se não houver ação em que o outrora autor figure como réu ele não poderá alegar, em defesa, o seu direito.

Inciso VI. **Litispendência**. A litispendência e a coisa julgada se identificam por um ponto-comum: a repetição da ação; o que as desassemelha, todavia, é o elemento cronológico: enquanto, na litispendência, repete-se ação que está em curso, na coisa julgada essa repetição diz respeito à ação primitiva já julgada (por sentença contra a qual não mais caiba recurso). Esclarecendo: se a ação anterior já foi apreciada por sentença passível de ser impugnada mediante recurso, o caso é de litispendência, pois aquela ação, nos termos do art. 337, § 3º, primeira parte, do CPC, ainda está em curso. Tanto isso é certo, que poderá haver modificação da sentença (no mesmo processo), em decorrência de recurso interposto. Se, todavia, a sentença proferida na causa primitiva já passou em julgado, a situação, obviamente, é de coisa julgada.

A separação entre os conceitos de litispendência e de coisa julgada, em rigor, atende às exigências científicas da doutrina; do ponto de vista estritamente do art. 337, incisos VI e VII, do CPC, tanto aquela quanto esta devem ser alegadas na contestação, como preliminar, e, se acolhidas, conduzem à extinção do processo sem resolução do mérito (CPC, art. 485, V). Ambas, porém, podem ser pronunciadas de ofício (CPC, art. 485, § 3º) e, extinto o (segundo) processo, não podem as partes intentar, novamente, a ação (CPC, art. 486, *caput*).

Para os efeitos da litispendência, considera-se proposta a ação tanto que tenha sido protocolada (CPC, art. 312). Não há antagonismo entre os arts. 240 e 312, do mesmo diploma processual, na medida em que, com vistas à litispendência, o que se exige é a citação válida (art. 240), e, não apenas, o protocolo da inicial (art. 312). O art. 312, a propósito, deixa claro que o ajuizamento da ação só produz os efeitos descritos no art. 240 com a citação válida.

No processo do trabalho o critério será o do simples protocolo da petição inicial; assim, também, no CPC (art. 312, primeira parte).

Há situações em que a litispendência se situa em uma zona algo nebulosa, imprecisa. Uma delas se dá entre a ação declaratória e a ação condenatória, em que figuram as mesmas partes e que se fundam nas mesmas razões de fato. Digamos, que o trabalhador haja ingressado em juízo postulando, unicamente, a declaração da existência de vínculo de emprego com o réu e que, antes de ser decidida essa causa, ele ingresse com outra ação, em que vise não apenas à mesma declaração, mas à condenação do adversário ao pagamento de determinadas quantias. A situação é peculiar, pois se considerarmos que, na segunda ação, há repetição parcial de pedido constante da anterior (reconhecimento da existência de relação de emprego), seremos levados a admitir uma destas duas soluções: a) extinguir, totalmente, a segunda ação, e, desse modo, estaríamos indo além da medida legal, pois a litispendência estaria restrita a parte dos pedidos, não podendo afetar, portanto, os de natureza condenatória; ou b) extinguir a segunda ação unicamente quanto ao pedido de reconhecimento de vínculo de emprego, e, nesse caso, haveria o risco, por exemplo, de declarar-se, na primeira, a inexistência do vínculo, e, apesar disso, vir-se a condenar o réu, na segunda ação, ao pagamento de aviso prévio, férias, horas extras etc., que tenham sido pleiteados.

A situação, que acabamos de narrar, reflete, sem dúvida, uma litispendência parcial (vínculo de emprego). Duas soluções poderiam, em tese, ser adotadas para evitar a contradição de julgados: a) proceder-se à reunião dos autos correspondentes, em razão da continência *sui generis* representada pela segunda ação; ou b) suspender o segundo processo, com fundamento no art. 313, IV, "a", do CPC, até que houvesse o julgamento definitivo da primeira ação (declaratória).

Conquanto, sob o aspecto rigorosamente técnico, correta seria a segunda solução (suspensão do processo), entendemos que se deva optar, no processo do trabalho, pela primeira (reunião dos autos correspondentes). A suspensão do processo implicaria sem dúvida, uma longa espera pelo trânsito em julgado da sentença que fosse emitida no primeiro processo, ainda que a lei (CPC, art. 313, § 4º) fixe em seis meses ou um ano, conforme seja o caso, o prazo máximo da suspensão. Isso é demasiado tempo para quem está à espera da prestação jurisdicional, máxime se levarmos em conta a habitual demora na solução do conflito, mesmo sem a suspensão do processo. Por isso, aos propósitos do processo do trabalho convém a reunião de ambos os autos (ação declaratória e ação condenatória), a fim de que, por esse modo, se abrevie a solução da lide.

Se, ao contrário, o trabalhador ajuizar ação em que peça um provimento declaratório (da existência de relação de emprego) e, ao mesmo tempo, condenatório (no pagamento, por parte do réu, de certas quantias), e, mais tarde, ingressar com ação exclusivamente declaratória (relação de emprego), estando ainda em curso a primeira; assim o segundo processo deverá ser extinto em virtude de a litispendência, quando a este, ser total. Aqui, não se deve efetuar a reunião dos autos correspondentes.

Em um caso, pelo menos, o processo civil prevê que a repetição da ação não induzirá litispendência: quando for ajuizada perante tribunal estrangeiro (CPC, art. 24). Cremos, porém, que somente não haverá litispendência se o tribunal brasileiro e o estrangeiro forem competentes para apreciar a causa, e, ainda assim, desde que a decisão proferida pela justiça estrangeira não tenha sido homologada pelo Superior Tribunal de Justiça (Const. Federal, art. 105, I, "i").

É conveniente reiterar que o juiz poderá conhecer, *ex officio*, de todas as matérias enumeradas no art. 337 do CPC, exceto da convenção de arbitragem e a incompetência relativa (*ibidem*, § 4º).

Inciso VII. **Coisa julgada**. A coisa julgada material, nos termos da lei, é a autoridade, que torna imutável e indiscutível a decisão de mérito, não mais sujeita a recurso (CPC, art. 502). *A res iudicata* figura, assim, não como efeito, mas como qualidade da sentença (ou do acórdão). A coisa julgada dita **formal** é a que se constitui nos autos, não se irradiando para além dos limites do processo em que se formou. Examinada à risca, essa expressão consagrada pela doutrina contém acentuada impropriedade técnica, pois nos casos em que se afirma haver coisa julgada formal, a **coisa** (entendida como a *res in iudicio deducta*, a pretensão de direito material controvertida, enfim, que dá conteúdo à lide), simplesmente não foi julgada.

Na esfera da realidade prática, o fenômeno jurídico da coisa julgada material se configura com a repetição de ação já apreciada anteriormente, por pronunciamento jurisdicional de mérito não mais impugnável por meio de recurso. Diante disso, incumbirá ao réu, em sua resposta (contestação) alegar o fato ao juiz, para que o processo seja extinto sem resolução do mérito (CPC, art. 485, V). Ainda que o interesse, quanto a essa extinção, seja, eminentemente, do réu, a lei permite que o juiz, por sua iniciativa, conheça da coisa julgada, em qualquer tempo ou grau de jurisdição, contanto que não ocorrer o trânsito em julgado (CPC, art. 485, § 3º) no processo que ele conduz.

O respeito à coisa julgada, entre nós, foi alteado à categoria de garantia constitucional (Const. Federal, art. 5º, inciso XXXVI), havendo, mesmo, uma inveterada e salutar tradição nesse sentido.

Deslocado o tema para o plano infraconstitucional, devemos recordar que a *res iudicata* constitui pressuposto negativo para o regular desenvolvimento da relação processual, pois não é concebível que as partes retornem a juízo para formular as mesmas pretensões já submetidas a um pronunciamento jurisdicional tornado imutável pela autoridade da coisa julgada. Sob este aspecto, percebe-se, com nitidez, o escopo de pacificação das relações sociais e jurídicas, que é atribuído a esse fenômeno processual. Sem o obstáculo da coisa julgada material, haveria uma tendência de perpetuar-se o conflito de interesses, de maneira a colocar em risco a estabilidade das relações entre os indivíduos, entre estes e as coletividades, ou entre estas.

Levando em conta, no entanto, a falibilidade da natureza humana e a consequente possibilidade de a coisa julgada estar comprometida por eventuais vícios ou falhas, de natureza grave, como a ofensa à lei, à própria Constituição ou à coisa julgada anterior, o legislador instituiu a ação rescisória como instrumento jurídico para desconstituir os efeitos da *res iudicata* (CPC, art. 966). Como ponderamos algures, em alguns casos, a coisa julgada, longe de atender ao propósito político de pacificação das relações sociais, acaba por se converter em elemento perturbador dessas relações.

Da mesma forma que a litispendência (que é, por assim dizer, o seu elemento embrionário), a coisa julgada requer, em princípio, para a sua configuração, a presença de uma tríplice identidade, a saber: a) de pessoas (*eadem personae*); b) de causa de pedir (*eadem causa petendi*); e c) de pedidos (*eadem res, petitum*). Essa tríade de elementos coincidentes não é, todavia, absoluta, como se tem suposto, uma vez que, em determinadas situações particulares, poderá caracterizar-se a coisa julgada (e, de igual maneira, a litispendência), sem que haja a identidade de pessoas, como se dá, *e. g.*, quando o trabalhador ingressa em juízo para vindicar, pessoalmente, direitos que estão sendo objeto de postulação (litispendência) ou já foram acolhidos ou rejeitados por sentença transitada em julgado (coisa julgada) em ação ajuizada pelo sindicato representativo de sua categoria, na qualidade de substituto processual.

Nessa hipótese, ainda que não haja coincidência de partes (porquanto numa ação figura como tal o trabalhador, e, noutra, o sindicato), há que se colocar acima de tudo o fato de que, tanto numa quanto noutra, o titular do direito material é o mesmo, ou seja, o trabalhador. E isto é o quanto basta para configurar, sem escoriações aos princípios, a litispendência ou a coisa julgada, conforme tenha, a sentença proferida no primeiro processo, passado em julgado, ou não. A entender-se de modo diverso, poderiam surgir decisões antagônicas sobre a mesma matéria, ou repetitivas, num quadro patológico que só faria colocar sob justificada suspeita popular o prestígio dos pronunciamentos da jurisdição.

Inciso VIII. **Conexão**. Consta do inciso VIII, do art. 337, do CPC, que o réu deverá alegar, na contestação, em caráter preliminar, a conexão. Mais uma vez, o legislador disse menos do que pretendia, pois, sendo o caso, o réu deverá alegar, também, a **continência**, cujo conceito processual é mais extenso do que o da conexão.

Realmente, enquanto a conexão se caracteriza pela existência de duas ou mais causas que possuam a mesma causa de pedir ou o mesmo pedido (CPC, art. 55, *caput*), a continência se estabelece pela identidade das causas de pedir e desde que o pedido de uma, por ser mais amplo, abranja o da outra (CPC, art. 56).

Vê-se, assim, que não há razão jurídica para limitar-se a arguição do réu à conexão, como parece impor a imperfeita redação do inciso VIII, do art. 337, do digesto de processo civil.

A finalidade, tanto da conexão quanto da continência, é fazer com que as causas, por refletirem a mesma lide, ou aspectos semelhantes das mesmas lides, tenham os correspondentes autos reunidos, a fim de realizar-se uma só instrução e de proferir-se uma única sentença — providências que emanam de uma indispensável política de economia dos atos do procedimento, além de evitarem a existência de pronunciamentos jurisdicionais conflitantes, acerca da mesma matéria, seja de fato ou de direito.

Se as ações forem exercidas perante o mesmo juízo, o magistrado poderá ordenar a reunião dos autos (CPC, art. 58). Se tiverem tramitando em juízos diferentes a reunião será efetuada no prevento, que as decidirá de maneira simultânea (*ibidem*). Dois escólios devem ser lançados sobre o tema: a) a reunião, no caso, será dos **autos**, e, não, das **ações**, como está na lei, nem dos processos, como está no gosto cientificamente pouco apurado de alguns escritores. Ora, sendo, a ação, um direito público subjetivo de invocar-se a prestação da tutela jurisdicional, e, o processo, um método estatal de solução dos conflitos de interesses, é elementar que possuem existência imaterial, motivo por que jamais poderão ser materialmente reunidos; b) a reunião dos autos entra na faculdade do juiz, a despeito da redação dada ao art. 58 do CPC atual não fazer uso do verbo **poder** ("pode") constante da redação do art. 105 do CPC anterior.

A necessidade de adequada compreensão da disciplina legal respeitante à conexão e à continência recomenda que deixemos clarificado o seguinte: a simples circunstância de haver conexão ou continência não corresponde, por si só, à presença de um obstáculo ao desenvolvimento regular da relação jurídica processual — fato de que nos leva a asseverar que tanto uma quanto outra, ao contrário do que sustenta a corrente doutrinal predominante, não representam elementos impeditivos da validade e da desenvolução regulares do processo, mesmo que o juiz determine a reunião dos autos correspondentes.

A existência de conexão ou de continência deve ser alegada pela parte, ou conhecida pelo juiz, *ex officio*, somente para efeito de junção dos respectivos autos, em nome da necessidade de serem evitadas decisões contrastantes entre si, e, cabe iterar, em nome da própria política judiciária e legislativa de economia dos atos processuais, não se relacionado, assim, de modo algum, com os pressupostos legais de validade ou de desenvolvimento do (segundo) processo.

A desrazão de reputá-las como pressupostos negativos para o desenvolvimento da relação processual fica tanto mais evidente quando se sabe que, como dissemos, a reunião de autos se insere na faculdade do juiz, que, por isso, poderá recusá-la, sem que o seu ato prejudique o segundo processo, em que a conexão ou a continência foram alegadas.

A situação factual e jurídica, aqui, é, portanto, totalmente diversa da que justificou a inclusão da litispendência e da coisa julgada como pressupostos negativos para a validade da relação processual, porquanto, nesse caso, há repetição de ações, fenômeno ou anomalia que não ocorre na conexão ou na continência.

Se as ações conexas ou ligadas pela continência estiverem em curso perante juízos distintos, que detenham a mesma competência territorial, considera-se prevento o que, por despacho, ordenou a citação primeiro lugar (CPC, art. 58).

Inciso IX. **Incapacidade de parte, defeito de representação, falta de autorização**. Embora, sob o aspecto prático, tanto a capacidade de ser parte quanto a de estar em juízo devam ser alegadas pelo réu como preliminar, o rigor doutrinário sugere que os respectivos conceitos sejam separados.

**Capacidade de ser parte.** Tem-na todo aquele que é sujeito de direitos (Código Civil, art. 1º). **Parte**, sob esta óptica, é, pois, toda pessoa que se encontra no gozo de seus direitos. Os incapazes, por exemplo, possuem capacidade de ser parte (podendo, por isso, integrar a relação jurídica processual), embora não a possuam para **estar em juízo**, ou seja, para praticar atos processuais com efeitos jurídicos.

**Capacidade de estar em juízo**. É regulada pelos arts. 70 a 76, do CPC. Estabelece o primeiro: "Toda pessoa que se acha no exercício dos seus direitos tem capacidade para estar em juízo".

No processo do trabalho, a legitimidade *ad processum* é adquirida aos 18 anos de idade (CLT, art. 792); se o trabalhador possuir 16 anos de idade ou mais, mas menos de 18 anos, deverá ser representado em juízo pelo pai, mãe, tutor, curador, ou, na falta deles, pela Procuradoria da Justiça do Trabalho (CLT, art. 793). Inexistindo, na localidade, órgão do Ministério Público do Trabalho, ao juiz incumbirá nomear curador à lide (*ibidem*).

Dois outros escólios se fazem convenientes. Se o trabalhador, menor de 18 anos, estiver sob tutela (em decorrência do falecimento dos pais; de terem estes sido declarados ausentes ou decaído do poder familiar), será indispensável a autorização do juiz competente (em matéria civil, é certo) para que a ação seja ajuizada. A doutrina tem entendido que, na situação referida, a legitimidade para o processo somente é obtida com o concurso dessas duas providências legais: a representação do menor e a autorização judicial. Se o trabalhador for curatelado (em virtude de interdição originada pela demência, surdo-mudez etc., que o impeça de manifestar a sua vontade), será necessária não apenas a autorização judicial, para o ingresso em juízo, como a fixação, também por ato do magistrado, dos limites da interdição.

Tanto a capacidade de ser parte quanto a de estar em juízo, por traduzirem pressupostos imprescindíveis para a constituição e o desenvolvimento regulares da relação jurídica processual, devem ser examinadas de ofício, em qualquer tempo e grau de jurisdição, enquanto não proferida a sentença de mérito (CPC, art. 485, IV e § 3º). A referência legal ao proferimento da sentença de mérito como limite final para que o juiz possa se pronunciar, por sua iniciativa, a respeito dos sobreditos pressupostos, deve ser adequadamente entendida, sob pena de conduzir a graves distorções de seu verdadeiro objetivo. É lógico que o juízo de primeiro grau, ao emitir a sentença de mérito, não mais poderá alterá-la, seja para que finalidade for, exceto para corrigir inexatidões materiais, como erros de cálculo ou de escrita ou em razão de embargos declaratórios (CPC, art. 494). Assim o é porque o órgão jurisdicional, ao pronunciar-se acerca das questões de fundo da causa (lide), cumpre e acaba o seu ofício. Pode o tribunal, entretanto, em grau de recurso, declarar a falta de capacidade de ser parte ou de estar em juízo, pois a menção legal à sentença de mérito constitui proibição dirigida, apenas, ao juízo que a proferiu. Caberá ao tribunal, portanto, manifestar-se sobre tais capacidades, tenham, ou não, sido objeto de exame pelo juízo *a quo*. Convencendo-se de que se acha ausente qualquer desses pressupostos de constituição, o órgão *ad quem* deverá ordenar a extinção do processo, sem julgamento do mérito.

Dispõe o art. 76, do CPC, que se for verificada a incapacidade processual ou a irregularidade de representação, o juiz, suspendendo o processo, assinará prazo razoável para ser sanada a falha. Alguns esclarecimentos devem ser feitos sobre essa regra legal. Em primeiro lugar, a incapacidade processual, na espécie, é a que diz respeito à legitimidade *ad processum* (estar em juízo), pois a incapacidade de ser parte não pode ser sanada; em segundo, que incapacidade processual e irregularidade de representação são coisas distintas. Aquela, como demonstramos, concerne à *legitimatio ad processum*, à aptidão para praticar atos processuais com efeitos jurídicos, ao passo que esta se refere àquelas pessoas (jurídicas, em geral) cuja representação judicial a lei define (CPC, art. 75), tendo em vista o fato de constituírem uma abstração jurídica ou não possuírem personalidade jurídica.

Deixando de ser cumprido o despacho judicial que determinou a correção da incapacidade processual ou da irregularidade de representação, se a providência couber: a) ao autor, o processo será extinto sem exame do mérito; b) ao réu, será considerado revel (ainda que possam não ocorrer os efeitos da revelia: CPC, art. 345; c) ao terceiro, será considerado revel ou excluído do processo, dependendo do polo em que se encontre (CPC, art. 76, § 1º, I a III).

Ordinariamente, as pessoas que participam da relação jurídica processual (partes) são os mesmos sujeitos da relação jurídica material controvertida. Estamos a afirmar, com isso, que, via de regra, as pessoas ingressam em juízo para defender, em nome próprio, direito de que são titulares. Há situações especiais, todavia, legalmente previstas, em que a parte invoca a prestação da tutela jurisdicional em nome próprio, mas para a defesa de direito (material) alheio. A esse fenômeno, caracterizado pela desconformidade entre as pessoas da lide e os sujeitos da relação material controversa, convencionou-se denominar de "substituição processual". O primeiro a fazer uso dessa expressão parece ter sido Chiovenda, embora caiba a Köhler a precedência da elaboração de estudos mais aprofundados sobre o tema.

Como deixamos exarado em páginas anteriores, não possuímos, no Brasil, uma substituição processual autêntica, como tal considerada a que foi posta em prática durante certo período do Direito Romano antigo, nas ações com transposição de pessoas, em que o substituído (*cognitor*) assumia, pessoalmente, os riscos do insucesso na demanda.

Por tratar-se de algo incomum, a substituição processual só poderá ser admitida nos casos expressamente previstos em lei; advertência quanto a isto está contida no art. 18, do CPC.

Os pontos em que fazem a substituição processual diferençar-se da simples representação processual consistem em que, naquela: a) o substituto não precisa do consentimento do substituído para ingressar em juízo; essa autorização é concedida, em abstrato, pela Constituição Federal (art. 8º, III), particularidade que nos leva a reconhecer, no que se tem chamado de "substituição processual", mera outorga de um mandato legal *ad litem*; b) na substituição, o autor postula, em nome próprio, o direito de que é titular o substituído; na representação o representante não age em nome próprio, mas em nome do representado.

Torna-se oportuno lançar alguns comentários também acerca da capacidade postulatória.

Na esfera do processo civil, essa capacidade pode ser definida como a aptidão ou o direito de a pessoa dotada de legitimidade *ad processum* participar da demanda por meio de quem se encontre legalmente habilitado para pleitear em juízo, equivale a dizer, de advogado. Nesse sentido, o art. 103, do CPC: "A parte será representada em juízo por advogado regularmente inscrito na Ordem dos Advogados do Brasil".

Para Calamandrei, a capacidade postulatória é o poder que alguém possui de tratar diretamente com o juiz, de expor-lhe, em pessoa, as pretensões dos litigantes. Observe-se que esse *ius postulandi* não é exercido pela parte, mas por seu procurador judicial (que não deixa de ser uma espécie de representante desta, embora não se deva confundir essa representação com a de que cuida o art. 75, do CPC). Atuando na qualidade de procurador judicial, o advogado, contanto que possua o correspondente mandato, poderá praticar, em nome do mandante, todos os atos processuais legalmente admitidos e necessários à defesa do direito deste, salvo aqueles para os quais a lei exija poderes especiais (CPC, art. 105, parte final).

Ser-nos-á lícito concluir, pois, que no processo civil os advogados são, por excelência, os titulares do direito de postular em juízo, nada obstante a lei, em alguns casos, também atribua essa prerrogativa aos estagiários (Lei n. 8.906, de 4.7.94, art. 3º, § 2º), assim como permita às próprias partes, em situações extraordinárias, postular em causa própria (CPC, art. 103, parágrafo único, e Lei n. 8.906/1994, art. 1º, § 1º).

O art. 791, *caput,* da CLT, contudo, atribui capacidade postulatória aos próprios litigantes, embora não exclua, como é evidente, a participação de advogado.

Inciso X. **Convenção de arbitragem.** O Ministério Público do Trabalho, desde que solicitado pelas partes, pode atuar como árbitro nos dissídios de competência da Justiça do Trabalho (Lei Complementar n. 75/1993, art. 81, inciso XII).

De *lege ferenda,* a arbitragem deveria ser admitida com maior amplitude na Justiça do Trabalho, não tanto para desafogar os órgãos de primeiro grau dessa jurisdição, mas para permitir uma solução mais rápida do litígio.

O juízo arbitral pode ser constituído também para a solução de conflitos coletivos, pois, quanto a isso, há expressa previsão constitucional (Const. Federal, art. 114, § 1º). Em nosso sistema, entretanto, essa arbitragem é facultativa, e, não obrigatória; provavelmente por esse motivo, ela não tem sido utilizada. Acrescenta-se a isso o fato de as categorias em conflito preferirem submeter à Justiça do Trabalho a correspondente solução.

A arbitragem, se adotada pelas categorias profissional e econômica, terá o seu procedimento regido pela Lei n. 9.307, de 23.9.1996, pois a CLT é inteiramente omissa a respeito da matéria.

O essencial, a ser destacado aqui, é que tendo sido adotado o método da arbitragem, em determinado caso, as partes não poderão ingressar em juízo para solver o mesmo conflito. A arbitragem se destina, exatamente, a evitar que a tutela jurisdicional seja invocada. Se uma das partes, nada obstante a adoção da arbitragem, ingressar em juízo deverá a outra, na oportunidade da contestação, alegar, preliminarmente, a existência da convenção de arbitragem (CPC, art. 337, X) e requerer, em função disso, a extinção do processo sem resolução do mérito (CPC, art. 485, VII).

É necessário reiterar que a existência de convenção de arbitragem deve ser alegada pela parte interessada (como preliminar da contestação), porquanto o juiz não poderá conhecer ex officio dessa matéria, conforme adverte o § 3º, do art. 337, do diploma processual civil. Isso significa que se parte nada alegar a respeito, o seu silêncio implicará a aceitação da intervenção jurisdicional e, ao mesmo tempo, a renúncia tácita àquele compromisso.

A presença da convenção de arbitragem representa, portanto, um pressuposto negativo para a validade ou desenvolvimento da relação jurídica processual, em sede de ação coletiva trabalhista.

Inciso XI. **Ilegitimidade e falta de interesse**. As condições da ação foram realçadas na doutrina de Enrico Tullio Liebman e acabaram sendo perfilhadas pelo Código de Processo Civil de nosso País, como atestam os arts. 17 e 485, VI. Ulteriormente, no entanto, esse notável jurista peninsular reformulou, em parte, o seu pensamento, conforme demonstraremos adiante.

Segundo Liebman, as condições da ação eram: 1) a legitimidade *ad causam*; 2) o interesse processual; e c) a possibilidade jurídica do pedido.

**Legitimidade para a causa**. Tanto pode ser ativa (autor) quanto passiva (réu). No mais das vezes, essa legitimidade diz respeito ao titular do direito material que dá conteúdo aos pedidos *(res in iudicio deducta)*, daí por que Liebman se refere à pertinência subjetiva da ação, por parte daquele que a ajuíza, em confronto com o adversário.

Em casos excepcionais, devidamente autorizados, estará legitimado para a causa quem não possui o direito material que se visará a proteger com a ação. É o caso típico do que temos denominado, em nosso meio, de "substituição processual", em que o substituído, embora aja em nome próprio, o faz com o escopo de promover a tutela de direito alheio, vale dizer, de que são titulares exclusivos os substituídos. Não vem ao caso demonstrar, nesta altura, os motivos pelos quais julgamos inexistir, no Brasil, uma substituição processual autêntica, nos moldes da que era praticada no Direito Romano antigo, no âmbito daquelas ações a que a doutrina moderna tem rotulado, com propriedade científica e com fidelidade histórica, de "com transposição de pessoas", em que o substituto *(cognitor)* assumia as consequências do julgamento desfavorável.

A legitimidade para a causa consiste, em resumo, na individualização daquele a quem pertence o interesse processual e daquele perante o qual esse interesse deve ser manifestado. É o que se tem denominado em doutrina de "pertinência subjetiva da lide".

Salta aos olhos o deslize técnico em que incidem os pronunciamentos jurisdicionais que, após declararem a inexistência da pretendida relação de emprego entre as partes, consideram o autor carecedor da ação. *Data venia*, se a alegada prestação de serviços ocorreu, de modo incontroverso, para a pessoa indicada como ré, é óbvio que somente essa estará legitimada para responder às pretensões deduzidas pelo autor. A circunstância de a sentença, mais tarde, não reconhecer a existência de vínculo de emprego não afeta, em nada, a legitimidade das partes. Os que assim não entendem cometem a injustificável escorregadela doutrinal de confundir a legitimidade *ad causam* com o resultado do exame do mérito. Ora, quando se diz que não há relação de emprego entre os litigantes, se está, com isso, emitindo um pronunciamento de mérito, que só foi possível expender depois de reconhecida a legitimidade das partes, para integrar a relação jurídica processual.

De tal arte, se as condições para o regular exercício da ação nada têm a ver com o mérito da causa e se o provimento jurisdicional declarativo da inexistência da relação pretendida só pode ser realizado após a prospecção desse mérito, fica evidente a cincada das sentenças que, apreciando o tema de fundo da demanda, regridem às condições da ação para declarar o autor ser, dela, carecente, sempre que não ficar demonstrada a presença dos pressupostos constitutivos da relação de emprego.

Carência da ação haveria, sem sombra de dúvida, se a ação fosse ajuizada em face de pessoa diversa daquela para o qual o autor, verdadeiramente, prestou serviços. Nesta hipótese, faltaria a "pertinência subjetiva" a que se referiu Liebman, como elemento indispensável para configurar a legitimidade *ad causam*.

É imperioso elucidar-se, de uma vez por todas, que a sentença, ao declarar a existência ou a inexistência da relação de emprego, terá examinado o mérito da causa, de tal forma que o autor não poderá ajuizar, novamente, a ação diante do mesmo réu. Chega, por isso, a ser perturbadora dos princípios e do bom-senso a afirmação, encontradiça em alguns pronunciamentos da jurisdição e em trabalhos doutrinais, de que a inexistência de relação de emprego conduz ao decreto de carência da ação.

Voltando à ilegitimidade que deva, efetivamente, ser alegada sob a forma de preliminar devemos dizer que o réu não está obrigado a indicar a parte que seria legítima para figurar no polo passivo da relação processual; será suficiente que demonstre não ser ele, réu, dotado dessa legitimidade. Nos casos de ilegitimidade ativa, entrementes, serão escassas as situações em que o réu, ao contrário, poderá deixar de apontar a parte legítima. Não desçamos, todavia, a essas minúcias, que, na prática, serão examinadas e solucionadas sem maiores dificuldades.

**Interesse processual**. Noutros tempos, por influência da teoria civilista da ação (para a qual esta nada mais era do que o próprio direito material em estado de reação a uma violência, ou seja, "preparado para a guerra"), o interesse de agir em juízo era reputado como uma espécie de ressonância do interesse protegido pelo direito material, daí por que se asseverava que quando o direito subjetivo era ameaçado de lesão, ou lesado, o que nele se continha recebia a denominação de interesse processual.

Nos dias atuais, entretanto, em decorrência do reconhecimento da autonomia do direito de ação, já não se confunde o interesse que é próprio do direito material com o que é característico da provocação do exercício da função jurisdicional.

Debruçando-se sobre o problema do interesse processual, a doutrina cindiu-se em duas correntes. A primeira sustentou que o móvel desse interesse é a necessidade que a parte possui de obter um provimento jurisdicional acerca da *res in iudicio deducta*; a segunda, que esse interesse provém da utilidade que o decreto da jurisdição propicia ao autor, com ser dotado de eficácia para solver o conflito.

Do ponto de vista da primeira corrente doutrinal mencionada, como se pode verificar que desde logo haverá interesse sempre que o indivíduo invocar a prestação da tutela jurisdicional do Estado, com o fim de dirimir um conflito, que não foi possível solucionar de maneira negociada; de acordo com o ângulo da segunda corrente, o interesse se relaciona com o pressuposto de que o pronunciamento da jurisdição seja realmente eficaz para dar cobro à lide.

Na verdade, se bem observamos, como fez Moniz de Aragão, veremos que o vigente Código de Processo Civil incorporou ambas as correntes de pensamento, a cuja inferência se chega pelo exame do art. 20, parágrafo único, conforme o qual o exercício da ação declaratória será possível mesmo que já tenha ocorrido a lesão do direito.

Em nosso sistema processual, conseguintemente, o interesse é indispensável para qualquer postulação em juízo.

A existência de um interesse processual não foi, porém, admitida de modo pacífico. Invrea, em 1928, já refutava todas as opiniões doutrinárias que sustentavam essa existência. A seu ver, a ideia de um interesse de agir em juízo era supérflua, porquanto esse interesse estaria naturalmente vinculado com a propositura da ação. Por esse motivo, deitou pesadas críticas às teorias de Mortara (da utilidade) e de Chiovenda (da necessidade). Estribando-se no argumento de que a liberdade jurídica não deve receber restrições desnecessárias, arremata ser imprescindível que haja uma razão jurídica — não um simples interesse — para ser aceita essa restrição. Para Invrea, a razão jurídica repousaria no fato de o réu haver perpetrado uma lesão de direito (devendo, por isso, arcar com as consequências do seu ato) ou na necessidade de o autor conseguir um provimento jurisdicional para fazer valer o seu direito (considerando que o limite da liberdade jurídica é o direito alheio).

Carnelutti também combateu o conceito de interesse processual, julgando-o morto, "e, se não está morto, moribundo". Essa conclusão do eminente jurista italiano está em harmonia com a sua ideia de que o conteúdo do processo não é a ação, mas a lide que se estabelece quando alguém deseja a tutela de um interesse, em oposição ao interesse de outrem. Para Carnelutti, o interesse é mero reflexo da existência da lide; inexistindo esta, o interesse representa uma daquelas situações que devem ser objeto de um processo, a fim de fazer surgir o direito.

Dissentimos, todavia, dessa ilustre opinião.

Em primeiro lugar, a existência da lide, por si só, não justifica o interesse processual. Pense-se no caso de um recurso interposto pela parte que foi inteiramente vencedora na causa: embora haja lide, é manifesta a ausência de interesse de agir, pois o julgamento do tribunal não seria útil, nem necessário, ao recorrente vencedor, porquanto a tutela do direito já foi operada pela sentença. Só em situações excepcionais é que se poderia admitir a existência de um interesse processual (recorrer), por parte de quem foi inteiramente vencedor na lide. Em segundo, há casos em que inexiste lide (pretensão resistida), mas o interesse processual não só é concreto, como está previsto em lei, tal como se dá, p. ex., na ação declaratória, cujo pressuposto não é outro que não a incerteza quanto à relação jurídica que constitui o núcleo do conflito. Incerteza objetiva e atual, ou seja, capaz de infundir uma razoável hesitação no espírito do autor, no que toca à verdadeira vontade da lei, além de ser, essa hesitação da inteligência, efetiva, e, não vaga ou aleatória. Dito estado de dubiedade deve ser, ainda, de natureza jurídica e capaz de provocar danos ao autor.

O interesse processual não é, portanto, algo desútil e redundante; ao contrário, representa a mais genuína das condições da ação. Ausente esse interesse, a invocação da tutela jurisdicional não passará de mero capricho do autor, de simples desejo de conflitualidade, sem qualquer amparo no ordenamento jurídico. Como afirmamos, o exercício da ação só se justifica se o provimento da jurisdição for útil ou necessário para restabelecer a integridade do patrimônio jurídico da parte, ou evitar o desfalque desse patrimônio.

O interesse processual pode ser examinado no início da lide, ou no momento em que a entrega da prestação jurisdicional será realizada, conforme seja o caso. Por exemplo: se o trabalhador, ao ingressar em juízo, não possuía direito à fruição de férias, o juiz poderia indeferir, desde logo, a inicial, em virtude da carência da ação; se, todavia, por algum motivo, o juiz não se desse conta de que o direito ao gozo das férias ainda não era exigível, mas, no curso do processo, esse direito viesse a constituir-se, a sentença não deveria considerar o autor carecente da ação, senão que acolher o pedido e fixar o prazo para que o réu concedesse as férias pretendidas (CLT, art. 137).

**Possibilidade jurídica do pedido**. O art. 267, do CPC, de 1973 incluía no elenco das condições da ação a possibilidade jurídica do pedido (inciso VI). O CPC atual, no entanto, excluiu-a, acertadamente, desse elenco (art. 485, VI).

Para efeito de registro histórico, reproduziremos, a seguir, os argumentos que expendemos em outros livros acerca da possibilidade jurídica do pedido como condição da ação.

A expressão clássica: "pedido juridicamente impossível", utilizada para designar aquela classe de postulações que não podem merecer a tutela jurisdicional, tem sido mal interpretada, amiúde, tanto pela doutrina quanto pela jurisprudência. O que essa expressão está a significar não é a falta de previsão legal do direito invocado, mas a existência de um veto, no ordenamento jurídico, à formulação de determinados pedidos.

Se, por exemplo, o empregado pleiteia a condenação do empregador ao pagamento de certa parcela não prevista em lei, em instrumento normativo, em regulamento interno da empresa, em acordo individual etc., o seu pedido deverá ser rejeitado, por falta de amparo legal; não havendo nenhuma proibição legal (*lato sensu*) quanto à formulação desse pedimento, incorrerá em erro inescusável a sentença que declarar o autor carecente da ação.

Em termos gerais, a doutrina liebmaniana se encontra sustentada por argumentos cientificamente apropriados; sob o aspecto essencialmente prático, essa doutrina conclui, como consectário, pela extinção do processo **sem** resolução do mérito, de tal modo que o autor poderá ajuizar, outra vez, a ação. Justamente por isso, é que sempre manifestamos divergência ao pensamento de Liebman, quanto ao pedido juridicamente impossível. Com efeito, se pedido juridicamente impossível, como vimos, é aquele com relação ao qual existe, na ordem legal, um veto à sua formulação, sempre que a sentença fizer prevalecer esse veto implicará a extinção do processo mediante julgamento do mérito. É desarrazoado pensar que, presente ainda essa proibição da lei, possa o autor intentar, mais uma vez, a ação. O reingresso em juízo só seria possível, para formular as mesmas pretensões, se o veto viesse a ser retirado no sistema legal. Fora disso, não se pode cogitar de carência da ação, por ser, o pedido, juridicamente inatendível:

o que deve fazer a sentença é rejeitar esse pedido, e, com isso, pôr fim ao processo com resolução do mérito, inibindo, dessa maneira, a possibilidade de o autor ajuizar, uma vez mais, a ação.

Felizmente, contudo, Liebman acabou revendo a sua opinião, neste ponto, para excluir do elenco das condições da ação a possibilidade jurídica do pedido: "*Le condizioni deli azione [...] sono i interesse ad agire e la leggitimazione. Esse sono [...] i requisiti di esistennza deli azione, e vanno percio accertate in giudizio (anche se, di solo, per implicito), preliminarmente ali esame dei merito*" (destacamos). (*Manuale di diritto processuale civile.* 3. ed. Milano: Giuffrè, 1973. v. 1, p. 120).

Um dos casos de pedido juridicamente impossível é o dirigido à obtenção de um provimento jurisdicional declaratório da existência de relação de emprego entre o autor e a União, o Estado-membro, o Município ou o Distrito Federal, posteriormente à vigência da atual Constituição da República. Assim dizemos porque consta do art. 37, inciso II, da norma constitucional: "**a investidura em cargo ou emprego público depende de aprovação em concurso público de provas ou de provas e títulos, ressalvadas as nomeações para cargo em comissão declarado em lei de livre nomeação e exoneração**" (destacamos), e, o § 2º: "A não observância do disposto nos incisos II e III implicará a nulidade do ato e a punição da autoridade responsável, nos termos da lei".

Em votos proferidos no Tribunal do Trabalho da 9ª Região, ao tempo em que o integrávamos, argumentávamos que, na situação referida (Const. Federal, art. 37, II), embora haja um veto, no texto constitucional, quanto à existência de relação de emprego sem prévia aprovação em concurso público, o pronunciamento jurisdicional que fazia prevalecer esse veto, acarretava a extinção do processo **com** resolução do mérito impedindo, assim, o autor de renovar a demanda enquanto subsistisse essa proibição constitucional.

Inciso XII. **Falta de caução.** A ausência de caução ou de outra prestação que a lei exija como preliminar constitui o que a doutrina costuma denominar de "impedimento processual", pois não se confunde com os pressupostos de desenvolvimento da relação processual.

Sob o ângulo da resposta do réu, a falta de caução ou de prestação imposta por lei configura "defesa dilatória".

Seja como for, o fato é que a exigência de uma ou de outra dificilmente caberá no processo do trabalho. É evidente que se, em futuro, norma legal vier a impor que o trabalhador preste caução, antes de ingressar em juízo (o que, esperamos, jamais venha a ser exigido), a falta dessa caução ensejará a que o réu alegue, na contestação, como preliminar, o fato.

Inciso XIII. **Justiça gratuita**. O art. 790, § 3º, da CLT, faculta aos juízes, aos órgãos julgadores e aos presidentes dos tribunais do trabalho de qualquer grau de jurisdição conceder, a requerimento do interessado ou *ex officio*, o benefício da justiça gratuita, inclusive quanto a traslados e instrumentos, àqueles que perceberem salário igual ou inferior ao dobro do mínimo legal, ou declararem, sob as penas da lei, não estarem em condições de pagar as custas do processo sem prejuízo do sustento próprio ou familiar.

Verificando, réu, que esse benefício foi concedido de maneira indevida, deverá alegar o fato sob a forma de preliminar da contestação — embora o juiz possa conhecer, por sua iniciativa, dessa matéria, conforme revela o § 5º, do art. 337, do CPC.

Não se confundem a **justiça gratuita** (CLT, art. 790, § 3º) e a **assistência judiciária** (Lei n. 5.584/1970, art. 14). Aquela, como vimos, se traduz na dispensa de custas, de emolumentos, de honorários do advogado da parte contrária, e do perito — de despesas processuais, enfim; esta significa a designação de advogado para promover a defesa judicial dos interesses da pessoa, sem que ela seja responsabilizada pelo pagamento de honorários.

A questão da decadência e da prescrição

A decadência e a prescrição não foram inseridas no rol do art. 337 do CPC em virtude não constituírem, tecnicamente, **preliminar**. Por outro lado, também não se traduzem no mérito da causa, por não serem expressão do direito postulado em juízo. Por esse motivo, a decadência e a prescrição costumam ser alegadas na contestação sob o título de **prejudiciais do mérito**. Note-se: conquanto uma e outra, conforme dissemos, não constituam o mérito da causa, a *res in iudicio deducta*, o legislador, por uma regra de ordem prática, as inseriu no elenco das causas determinantes da extinção do processo mediante exame do mérito (CPC, art. 487, II). Aludimos a uma regra de ordem prática porque a distinção básica que há entre os arts. 485 e 487 do CPC é que, no primeiro, como se dá a extinção do processo sem resolução do mérito, o autor pode exercer, novamente, a ação (art. 486); no caso do art. 487, ao contrário, esse novo ajuizamento da ação é vedado.

O juiz não só pode conhecer *ex officio* da prescrição e da decadência, mas, em decorrência disso, rejeitar, liminarmente o pedido por elas atingido (CPC, art. 332, § 1º).

§ 1º A litispendência ou a coisa julgada se configuram com o ato de a parte reproduzir ação anteriormente ajuizada, e que ainda não se submeteu ao fenômeno da coisa julgada material. A lembrar-se que a litispendência pressupõe a existência, entre duas ou mais causas, de tríplice identidade: de pessoas, de causa de pedir e de pedido. Ao contrário do pensamento jurisprudencial predominante, entendemos que, havendo identidade de causa de pedir e de pedido entre a ação ajuizada pelo trabalhador e a promovida pelo sindicato representativo da sua categoria profissional, na qualidade de substituto processual, estará configurada a litispendência. Embora, na hipótese, não haja identidade de pessoas (pois são distintos os autores em ambas as ações) o que se deve levar em conta é o fato de que titular do direito material é o mesmo: o trabalhador. A entender-se de outro modo estar-se-á criando a possibilidade de virem a existir duas sentenças antagônicas entre si, porquanto o sindicato poderá ter sucesso em sua causa, e o trabalhador ser derrotado na sua; ou vice-versa. Em quaisquer dessas situações o direito material estará sendo objeto de pronunciamentos jurisdicionais conflitantes.

§ 2º Classicamente, a doutrina e a jurisprudência têm exigido a identidade de parte, de causas de pedir e de pedidos para a configuração da litispendência, ou seja, para a repetição de ações de que trata a norma legal em exame. Essa posição doutrinal foi consagrada pelo legislador, como revela o § 2º do art. 337 do CPC.

Embora, em princípio, seja aceitável esse critério, há situações em que estará caracterizada a litispendência sem que ocorra essa tríplice identidade. Repitamos o que dissemos no comentário ao § 1º do mesmo dispositivo legal: nos casos, por exemplo, em que o sindicato está agindo como substituto processual dos integrantes da categoria, e que alguns desses substituídos ingressam em juízo, pessoalmente, para formular os mesmos pedidos que constam da petição elaborada pelo sindicato, tem-se entendido que não se verifica litispendência, pois conquanto haja identidade de causas de pedir e de pedidos, não há identidade das partes. Esse é, como salientamos, o entendimento prevalecente nos sítios da doutrina e da jurisprudência trabalhistas. Temos posição divergente — e heterodoxa. Pouco importa o fato de não haver coincidências de partes, pois o fato essencial a ser considerado é que os titulares do direito material são as mesmas pessoas, ou seja, os trabalhadores substituídos pelos sindicatos que são os mesmos (no todo ou em parte) que também ingressaram pessoalmente em juízo. A não se admitir a litispendência em situações como a narrada, teríamos como consequência: a) existência de pronunciamentos jurisdicionais contrastantes a respeito do direito comum a ambas as ações; ou b) um *bis in idem*, no caso de ambos os pronunciamentos jurisdicionais serem convergentes. Num caso ou noutro, estaríamos diante de uma realidade aberrante.

§ 3º Segundo a lei, ocorre litispendência quando se repete ação que está em curso. Cabe indagar: para esse efeito, até quando se deve considerar que a ação "está em curso". Se lançarmos os olhos, por antecipação, ao parágrafo quarto da mesma norma legal, chegaremos à conclusão de que estará em curso enquanto não se verificar o trânsito em julgado, pois, a contar desse ponto a repetição da ação configurará coisa julgada.

§ 4º O que separa, no plano dos conceitos, a litispendência da coisa julgada é o elemento cronológico. Em ambos os casos há repetição de ação. Na litispendência, a ação primitiva ainda está em curso; na coisa julgada, ela já foi decidida por sentença da qual não mais cabe recurso. A consequência processual, contudo, é a mesma: a extinção do processo sem resolução do mérito (CPC, art. 485, V).

§ 5º O princípio legal é de que o juiz *deve* conhecer, por sua iniciativa, das matérias previstas nos incisos do art. 337 do CPC. Em termos práticos, isso significa que o magistrado se pronunciará sobre essas matérias mesmo que não tenham sido alegadas pelo réu (como preliminar da contestação). A exceção a esse princípio consiste na convenção de arbitragem e na incompetência relativa. Se o réu não a alegar, o sistema oficial veda a possibilidade de o juiz manifestar-se sobre ela *ex officio*. Do ponto de vista do réu, o seu silêncio faz presumir que renunciou à arbitragem, consentindo em submeter o conflito de interesses à solução jurisdicional. Essa presunção é aceitável, pois em nosso meio o princípio é de que a solução das controvérsias deve ser feita judicialmente; somente em casos excepcionais e que se fará por outros meios, como a arbitragem. Pode-se utilizar, aqui, pois, *mutatis mutandis*, a regra enunciada por Malatesta de que "o ordinário (solução jurisdicional) se presume e o extraordinário (solução não jurisdicional) se prova".

§ 6º Caso o réu deixe de alegar a existência de convenção de arbitragem, o seu silêncio é interpretado pelo sistema como aceitação da jurisdição estatal e renúncia ao juízo arbitral.

Art. 338. Alegando o réu, na contestação, ser parte ilegítima ou não ser o responsável pelo prejuízo invocado, o juiz facultará ao autor, em 15 (quinze) dias, a alteração da petição inicial para substituição do réu.

Parágrafo único. Realizada a substituição, o autor reembolsará as despesas e pagará os honorários ao procurador do réu excluído, que serão fixados entre três e cinco por cento do valor da causa ou, sendo este irrisório, nos termos do art. 85, § 8º.

## Comentário

*Caput*. Permite, a norma, ao réu alegar, na contestação, ser parte ilegítima para figurar na relação jurídica processual ou não ser o responsável pelo prejuízo invocado. Há, na dicção da lei, uma certa redundância, pois se o réu não é o responsável pelo prejuízo alegado pelo autor, torna-se evidente que não é parte legítima. A norma é compatível com o processo do trabalho. Uma nota essencial: a despeito de a norma fazer referência à **alegação** o réu, é evidente que este deverá **comprovar** a sua ilegitimidade ou a inexistência de responsabilidade pelo prejuízo afirmado pelo autor.

Provada a alegação, o juiz facultará ao autor, no prazo de quinze dias, a alteração subjetiva da petição inicial, a fim de substituir o réu. Cuida-se, pois, de um **incidente** de alteração subjetiva da parte situada no polo passivo da relação processual. A norma é compatível com o processo do trabalho.

O art. 264, *caput*, do CPC, de 1973, era mais rígido, nesse particular, pois vedava a substituição do réu após a citação, como se infere da expressão legal: "mantendo-se as mesmas partes". A despeito dessa proibição legal, nós, quando ainda no exercício da magistratura trabalhista de primeiro grau, admitíamos a substituição do réu, desde que com isso concordasse o autor, antecipando-nos, de certa forma, ao que viria a ser consentido pelo atual CPC.

Parágrafo único. Feita a substituição, o autor reembolsará as despesas e pagará honorários ao advogado do réu que foi excluído do processo. Os honorários serão fixados entre três e cinco por cento do valor da causa; se o valor dessa for irrisória, a fixação dar-se-á nos termos do art. 85, § 8º, assim redigido: "Nas causas em que for inestimável ou irrisório o proveito econômico ou, ainda, quando o valor da causa for muito baixo, o juiz fixará o valor dos honorários por apreciação equitativa, observando o disposto nos incisos do § 2º". A norma pode ser aplicada ao processo do trabalho, no caso das lides que não se refiram à relação de emprego.

Art. 339. Quando alegar sua ilegitimidade, incumbe ao réu indicar o sujeito passivo da relação jurídica discutida sempre que tiver conhecimento, sob pena de arcar com as despesas processuais e de indenizar o autor pelos prejuízos decorrentes da falta de indicação.

§ 1.º O autor, ao aceitar a indicação, procederá, no prazo de 15 (quinze) dias, à alteração da petição inicial para a substituição do réu, observando-se, ainda, o parágrafo único do art. 338.

§ 2.º No prazo de 15 (quinze) dias, o autor pode optar por alterar a petição inicial para incluir, como litisconsorte passivo, o sujeito indicado pelo réu.

Comentário

*Caput.* Não basta que o réu alegue a sua ilegitimidade (art. 338): é necessário que, ao fazê-lo, também indique quem seria o sujeito passivo da relação jurídica controvertida, desde que, à evidência, essa pessoa seja do seu conhecimento. Caso o réu deixe de fazer essa indicação, o juiz o condenará a pagar as despesas processuais e indenização ao autor pelo prejuízo oriundo da falta de indicação.

§ 1º Se o autor aceitar a indicação feita pelo réu, deverá, no prazo de quinze dias, alterar a petição inicial para a substituição do sujeito passivo, observando-se o que consta do parágrafo único do art. 338. Não a aceitando, cumprirá ao juiz decidir a respeito. Se entender que o réu é, efetivamente, parte ilegítima, extinguirá o processo sem resolução do mérito (art. 485, VI); se, ao contrário, convencer-se de que o réu é parte legítima, determinará o prosseguimento do processo.

Nada obsta, por outro lado, a que o autor desista da ação, com a concordância do réu (art. 485, §§ 4º e 5º), a fim de melhor verificar quem deverá figurar no polo passivo da relação processual a ser instaurada quando do ajuizamento de nova ação (e para a qual o juízo estará prevento).

§ 2º Sendo o caso, o autor poderá, no prazo de quinze dias, optar por alterar a petição inicial para incluir, na qualidade de litisconsorte passivo, a pessoa indicada pelo réu.

Em resumo, no prazo de quinze dias, contados da sua intimação, o autor pode alterar a petição inicial para: a) efetuar a substituição do réu; ou b) incluir, na qualidade de litisconsorte passivo, a pessoa indicada pelo réu.

Os arts. 338 e 339 poderiam ter sido fundidos num só. Ambos vieram a ocupar, em parte, o espaço que era destinado à nomeação à autoria, no sistema do CPC de 1973 (arts. 62 a 69).

## 5. Revelia

Comentemos as principais disposições do CPC sobre o tema:

Art. 344. Se o réu não contestar a ação, será considerado revel e presumir-se-ão verdadeiras as alegações de fato formuladas pelo autor.

## 5.1. Conceito

O vocábulo *revel* (do latim *rebellis*) significa, na linguagem processual, aquele que, citado (réu), deixou, sem qualquer justificativa razoável de contestar os fatos alegados na inicial. O substantivo **revelia** designa, portanto, a qualidade de quem é revel.

Sob esse aspecto, há indiscutível sinonímia entre as palavras revelia e contumácia, embora alguns autores tenham procurado fazer crer que esta seria a causa daquela, ou, ainda, que a contumácia seria o gênero, do qual a revelia se apresentaria como espécie. Não nos parece, contudo, que essa tentativa de separar os conceitos de uma e de outra tenha base científica, e, mesmo, léxica. Em essência, tanto a revelia quanto a contumácia traduzem o fato caracterizado pela inexistência de resposta do réu que tenha sido citado.

Revelia, entretanto, não é pena, conforme costumam supor, irmanadas no erro, doutrina e jurisprudência. A **pena** pressupõe o inadimplemento de uma obrigação, sendo certo que nenhuma norma processual moderna obriga o réu a responder à ação. O que há, quando muito, é um seu ônus nesse sentido, cuja quebra fará com que se presumam verdadeiros os fatos alegados pelo autor. Nem mesmo a confissão é pena, ao contrário do que têm alardeado aqueles que não se dão ao cuidado de examinar o senso exato das palavras que utilizam. Não existe uma obrigação legal de impugnar os fatos narrados pelo adversário, mas, apenas, um dever quanto a isso.

O que deve ser entendido, para evitar equívocos comprometedores, é que o réu tem o direito de ser regularmente citado, a fim de que, cientificado, por essa forma, da existência da ação, possa fazer uso da faculdade de se defender. Por outros termos: o direito de ampla defesa lhe é constitucionalmente assegurado, conquanto o efetivo **exercício** desse direito entre no seu livre arbítrio. É verdade que se o réu deixar de responder à ação, sem justificativa razoável, sofrerá as consequências processuais de sua incúria, que, como sabemos, consistirão na presunção de veracidade dos fatos descritos na peça inicial.

Do quanto expusemos até esta parte, podemos formular, sem rebuços, o seguinte conceito de revelia: é a ausência injustificada de contestação do réu, que tenha sido regularmente citado. Aí estão, a nosso ver, os elementos essenciais do conceito, agora mencionados em outra ordem: a) citação do réu; b) ausência de contestação; c) inexistência de justificativa legal desse silêncio.

Nem toda ausência de **resposta** configura revelia. Lembremos que essas respostas compreendem, no processo do trabalho, as **exceções**, a **contestação** e a **reconvenção**. Se o réu deixar, digamos, de excepcionar o juízo, por certo não será revel. A revelia emana, exclusivamente, da falta de **contestação**.

Como a revelia, enquanto fato processual, espelha a ausência de contestação do réu à ação ajuizada pelo adversário, o que ao réu incumbirá, caso se sinta seguro para comprovar os motivos pelos quais deixou de responder, será procurar elidir esse estado, ou seja, a revelia perante o tribunal, com objetivo de ver assegurado o seu direito de apresentar, no juízo de primeiro grau, a resposta que desejar.

Por esse motivo, incidirá em erro o réu toda vez que, ao interpor recurso ordinário da sentença condenatória proferida à sua revelia, procurar discutir o mérito da causa. Se isso fosse possível, estaria sendo suprimido um grau de jurisdição, levando-se em conta o fato de o réu não haver impugnado o mérito em primeiro grau. Portanto, no caso de revelia, o recurso que vier a ser interposto pelo réu deverá estar circunscrito à elisão do seu estado de revelia, para que ele possa oferecer, no juízo *a quo*, contestação.

É conveniente revermos algumas concepções do passado a respeito da revelia, para que possamos melhor entender esse acontecimento do processo.

Alguns estudiosos chegaram a identificá-la como uma rebelião ao poder do juiz. Dessa rebeldia extraía-se o fundamento para a punição do revel. Essa opinião, contudo, não pode prosperar nos tempos modernos, nos quais a resposta do réu, como afirmamos, não é obrigatória nem figura como requisito fundamental para o desenvolvimento do processo. O que se exige é que ele seja citado, vale dizer, cientificado da existência da demanda.

Chegou-se, também, a reconhecer na revelia a renúncia ao direito de defesa. Essa teoria pecou pelo excesso. Se sustentasse que a contumácia corresponderia à renúncia ao direito de resposta, poderia até ser aceitável. Falar, todavia, em renúncia ao direito de defesa importa ir além da medida, pois o conceito de defesa, como sabemos, é bem mais amplo do que o de resposta. Desde o sistema do CPC de 1939, em nosso meio se assegurou a possibilidade de o revel intervir da causa para se defender, recebendo-a no estado em que se encontre. Isso demonstra que a única renúncia capaz de ocorrer na revelia é quanto ao direito de responder, nunca de se defender.

Pensou-se, ainda, na revelia como uma espécie de desistência da faculdade de agir. Essa corrente de pensamento, conquanto tenha o mérito de aproximar-se da concepção hoje predominante, fica sem poder dar uma explicação suasória diante do fato de que essa desistência acarreta consequências processuais desfavoráveis ao revel. Conforme pudemos argumentar em defesa do conceito que formulamos anteriormente, em que pese ao fato de o exercício do direito de resposta do réu estar ligado a uma sua faculdade, isso não significa que a opção de não fazer uso dessa faculdade não lhe acarrete consequências prejudiciais. Demais, o revel não desiste da faculdade de agir, mas, apenas, de responder (contestar, no caso). Valemo-nos, aqui, das mesmas objeções que lançamos à teoria da renúncia ao direito de defesa: há excesso no seu conteúdo.

A teoria da inatividade, formulada por notáveis juristas italianos (Chiovenda, Beti), procurou explicar a revelia a partir do elemento objetivo da contumácia, desprezando, assim, o subjetivo. Para ela, portanto, a lei levaria em conta, apenas, o aspecto objetivo da revelia, que se manifestaria sob a forma de uma aceleração ou de simplificação do procedimento, em decorrência da falta do contraditório. Exatamente por isso é que essa teoria rejeitou a relevância de questões como confissão fictícia, intenção do revel, justiça da sentença, por serem de foro subjetivo. Essa concepção doutrinária, porém, não se ajusta à nossa realidade legislativa, pois a norma processual não reduz a revelia a mera simplificação do procedimento, prevendo também consequências jurídicas desfavoráveis ao revel, consubstanciadas na presunção (ainda que relativa) de veracidade dos fatos alegados pelo autor.

Nenhuma das teorias aqui expostas, como já se pode inferir, se sustenta diante de nosso sistema processual, embora sejam perfeitamente apropriadas e abalizadas para justificar sistemas vigorantes nos países de origem.

Como afirmamos, no processo civil brasileiro as partes têm deveres em face do processo, como os de expor os fatos em juízo conforme a verdade; não formular pretensões, nem alegar defesa, cientes de que são destituídas de fundamentos; não produzir provas, nem praticar atos inúteis ou desnecessários à declaração ou defesa do direito; cumprir com exatidão as decisões jurisdicionais, de natureza provisória ou final, não criar embaraços à efetivação de pronunciamentos jurisdicionais de natureza antecipatória ou final; declinar o endereço em que receberão intimações e atualizar essas informações quando for o caso; não praticar inovação ilegal no estado de fato de bem ou direito litigioso (CPC, art. 77). Devem ser mencionados, ainda, os deveres de comparecer a juízo para serem interrogadas e de responder ao que lhes for interrogado, assim como de se submeter à inspeção judicial, de praticar o ato que lhe for determinado (art. 379, I a III); de tratar as testemunhas com urbanidade (CPC, art. 459, § 2º) e de não praticar ato atentatório à dignidade da Justiça (CPC, art. 774), entre outros.

Interessam-nos, em especial, os deveres de expor os fatos em juízo conforme a verdade (CPC, art. 77, I) e de impugnar os fatos alegados pelo autor, sob pena de serem presumidos verdadeiros (CPC, art. 341).

Quando o autor invoca a prestação da tutela jurisdicional, com o escopo de promover a defesa de um bem ou de uma utilidade da vida, ele o faz por meio de um instrumento específico de provocação dessa atividade estatal, a que se denomina petição inicial. Nessa, incumbir-lhe-á narrar os fatos dos quais extrairá, mais adiante, os pedidos. Vimos que esses fatos devem ser narrados de acordo com a verdade. Se tais fatos não correspondem à verdade, cabe ao réu impugná-los. Não o fazendo, a consequência objetiva, prevista pelo nosso sistema processual, é a presunção de veracidade dos fatos constantes da inicial. Os nossos códigos se afastaram, como se percebe, da tradição romana, segundo a qual, mesmo havendo contumácia, o autor permanecia com o ônus de comprovar os fatos alegados. Não vem ao encontro do propósito da análise que estamos a empreender se essa atitude do legislador brasileiro foi correta, ou não, embora antecipemos a nossa opinião de que foi.

À luz do processo civil de nosso País (e, por extensão, do processo do trabalho), a revelia encontra no próprio sistema a justificação (técnica, política, lógica) de sua existência, uma vez que se há um dever do autor (para cogitarmos somente dele) de expor os fatos, na petição inicial, conforme a verdade, e um dever do réu, de impugnar esses fatos, caso os repute inverídicos. É evidente que a revelia, à qual se liga a falta de depoimento do réu, implica o reconhecimento tácito, por parte deste, de que são efetivamente verdadeiros esses fatos.

Se a norma legal ordena, em nome do princípio do contraditório, que se dê ao réu a oportunidade para refutar os fatos afirmados pelo adversário, e ele nem sequer comparece a juízo para fazê-lo, é absolutamente razoável que ditos fatos tenham em seu favor a presunção, ainda que relativa (*iuris tantum*), de veracidade, pois não seria justo exigir que o autor os provasse mesmo quando o réu tenha preferido manter injustificado silêncio diante deles.

Não se trata, portanto, de rebelião ao poder do juiz, nem de renúncia ao direito de defesa, ou de desistência da faculdade de agir ou de inatividade do réu, e, sim, de quebra, por parte deste, dos deveres legais de vir a juízo, a fim de impugnar, com precisão (especificamente), os fatos narrados pelo autor e de submeter-se ao interrogatório.

Preocupam-se, alguns estudiosos, com a possibilidade de a confissão presumida, decorrente do silêncio do réu, acabar consagrando a inverdade, a mentira, sempre que os fatos expostos na inicial não forem verdadeiros. Ora, essa objeção é insustentável, seja porque se nada há nos autos, capaz de demonstrar que os fatos são falsos, seria de indagar-se com que fundamentos jurídicos se poderia alegar essa falsidade, seja porque a possibilidade de acabar prevalecendo a inverdade não é algo que decorra, com exclusividade, da revelia e da ausência de depoimento, podendo, infelizmente, ser produzida mesmo nos casos em que não ocorra a revelia, bastando, para isso, que o réu induza, por exemplo, as suas testemunhas ao falseamento da verdade.

O que o juiz deve ter em mente, nas situações de revelia (ou de ausência de depoimento do réu), é que a confissão fictícia, como o próprio adjetivo o demonstra, não constitui uma porta escancarada para a admissibilidade, como verdadeiros, dos fatos alegados pelo autor, se não que um expediente, uma fórmula objetiva (e, também, artificiosa), idealizada pelo legislador, para superar o problema acarretado por aquele que deixou de atender aos deveres de impugnar os fatos expostos pelo adversário e de se submeter ao interrogatório. A presunção de veracidade desses fatos, enfim, não deve ser um pretexto para que o juiz renuncie ao seu poder de direção do processo e ao seu dever de investigação da verdade, mas, sim, um pano de fundo, que será utilizado sempre que não lhe for possível fazer aflorar, sem quebra da imparcialidade, a verdade dos fatos.

Ninguém ignora o vetusto mandamento de que juiz deve formar a sua convicção jurídica acerca dos fatos da causa com fulcro na verdade formal, que é aquela constituída nos autos (*quod non est in aclis non est in mundo*); toda vez, porém, que a verdade formal não coincide com a real (os fatos, tais como existiram), essa anomalia fenomênica faz com que opinião pública realize um perigoso saque contra o prestígio dos pronunciamentos da jurisdição.

Por isso, é imprescindível que os juízes sejam comedidos na aplicação prática dos preceitos legais pertinentes à revelia e à confissão ficta, cujas existências, entretanto, se justificam, sob o aspecto pragmático, como providência para resolver situações provocadas por aquele que, sem razão alguma, pôs de lado deveres legais específicos, como os de submeter-se ao interrogatório judicial e de impugnar os fatos alegados pelo adversário.

A abreviação do procedimento, nessas hipóteses, não é um fim visado pelo legislador, senão que uma decorrência lógica da incontrovérsia que o silêncio do réu fez gerar no tocante a esses fatos. Aludimos à abreviação do procedimento porque, nos termos do art. 355, inciso II, do CPC, a revelia constitui um dos casos que autorizam o julgamento **antecipado** do mérito. Essa antecipação significa que o juiz poderá suprimir, no todo ou em parte, a fase de instrução oral do processo.

## 5.2. A revelia e a Súmula n. 122, do TST

Consta da Súmula n. 122, do TST: "A reclamada, ausente à audiência em que deveria apresentar defesa, é revel, ainda que presente seu advogado munido de procuração [...]". *Data venia*, o conteúdo dessa Súmula é, juridicamente, insustentável. Não se ignore a norma do art. 844, *caput*, parte final, da CLT, de acordo com a qual "o não comparecimento do reclamado (à audiência) importa revelia, além de confissão quanto à matéria de fato". É necessário esclarecer, no entanto, que essa disposição legal parte do pressuposto de que o réu compareceria, **pessoalmente**, à audiência, para promover a sua defesa, como lhe faculta o art. 791, *caput*, da CLT. Sendo assim, é evidente que a ausência injustificada do réu à audiência significaria que ele não teria apresentado defesa, sendo, por isso, considerado revel. Todavia, quando o réu não vai à audiência, mas a esta comparece o seu advogado, regularmente constituído, considerar-se o réu revele é algo que beira ao surrealismo. Assim dizemos porque o advogado estará portando defesa escrita ou poderá formulá-la oralmente (CLT, art. 847). Em quaisquer dessas situações o réu jamais poderá ser considerado revel, pois a revelia se configura com a ausência de contestação (defesa). O que se poderia admitir, em tese, é que o réu fosse considerado confesso em virtude de não haver prestado depoimento pessoal. Ainda assim, isso só se justificaria nos juízos que adotam a denominada audiência una. Cuidando-se de audiência fracionada em sessões (inicial, instrução e julgamento), nem mesmo se poderia considerar o réu confesso, uma vez que na audiência inicial, segundo a praxe consagrada, o réu se limitaria a apresentar a defesa; o seu depoimento, assim como o do autor, e a inquirição das testemunhas somente seria realizada na próxima audiência, dita "de instrução".

Súmulas do TST, felizmente, ainda não são vinculativas (o adjetivo **vinculante** não está dicionarizado) — exceto se entendermos que elas podem ser inseridas na previsão do art. 332, I, do CPC. Sendo assim, em atenção aos princípios e ao bom-senso, diante da ausência do réu à audiência em que deveria formular a sua defesa, mas presente o seu advogado regularmente constituído, o juiz deve: a) formular a primeira proposta de conciliação (CLT, art. 8446, *caput*); b) recusada a proposta conciliatória, receber a defesa que o advogado estiver portando, ou permitir-lhe aduzi-la oralmente; c) interrogar o autor (se entender necessário ou conveniente) ou encerrar a instrução; d) abrir oportunidade para a adução de razões finais orais; e) formular a segunda proposta de conciliação; f) proferir sentença. Se o juiz verificar, na audiência, após a defesa do réu, que não ocorreram os efeitos da revelia, determinará que o autor especifique as provas que pretende produzir, na mesma audiência ou na próxima (CPC, art. 345).

### 5.3. Efeitos

O **efeito** jurídico mais expressivo da revelia, como tantas vezes assinalamos, é a presunção de veracidade dos fatos alegados pelo autor, na petição inicial. Nesse rumo, é a dicção do próprio art. 344, do CPC e do art. 844, *caput,* parte final, da CLT.

A doutrina tem entendido configurada, nessas situações, a confissão fictícia ou presumida do réu; é momento, entretanto, de nos determos com um pouco mais de atenção sobre o assunto, a fim de examinarmos se essas opiniões doutrinais são realmente corretas.

Em primeiro lugar, devemos verificar se a presunção de veracidade dos fatos narrados pelo autor deriva, efetivamente, da revelia; em segundo, se essa presunção significa a mesma coisa que confissão fictícia.

Em rigor, a presunção de veracidade, com a qual estamos a nos ocupar, não emana somente da revelia, senão que também da ausência de depoimento do réu. Realmente, conforme demonstramos antes, a revelia nada mais é do que a ausência de defesa (ou de resposta), por parte do réu. Revel, por isso, é todo aquele que, citado, deixa de vir a juízo para se defender. A revelia, por si só, não induz à presunção de veracidade dos fatos narrados pelo autor; essa presunção provém da ausência de contrariedade aos fatos alegados na inicial e de depoimento (pessoal) do réu. Assim, a revelia faz, em regra, com que o réu, além de não se defender, deixe de prestar depoimento, cujas faltas farão gerar a presunção de veracidade dos fatos mencionados pelo autor.

Tanto são coisas distintas a revelia e a confissão fictícia que alguém pode ser confesso sem ter sido revel: é o caso do réu que contesta a ação, mas que deixa de vir a juízo para ser interrogado (ou prestar depoimento, como se prefira). O inverso, contudo, não nos parece possível, pois se o réu é revel, dificilmente será chamado a prestar depoimento, porquanto, segundo dissemos, a revelia, no geral, suprime o seu depoimento, embora o juiz possa ouvir o autor, e, com isso, obter desse uma confissão **real** que sobrepujará a "fictícia" do réu, para efeito de formação do convencimento jurídico do magistrado a respeito dos fatos da causa.

Como estamos aqui a rever conceitos doutrinais assentes, é oportuno indagarmos se, na situação referida, haveria mesmo confissão **real** (efetiva) do autor. Ora, se confissão é a admissão, pela parte, de fatos contrários aos seus interesses, e se, na revelia, nenhum fato — por definição — foi alegado pelo réu, como se justifica a assertiva de que o autor poderia confessar? A pergunta que formulamos é ardilosa, uma vez que os fatos admitidos pelo autor, contrários aos seus interesses manifestados na causa, não necessitam ser aqueles alegados pelo réu, mas os que ele próprio, autor, acabou por admitir em juízo, seja voluntária (confissão espontânea) ou involuntariamente (confissão provocada).

Vejamos, agora, se a presunção de veracidade dos fatos alegados pelo autor, emanante da revelia, traduz uma sua confissão fictícia.

Sob o rigor da lógica, julgamos que não.

A ausência de depoimento do réu (que, por sua vez, provém da revelia), a despeito da opinião doutrinária predominante, não configura confissão fictícia ou presumida dos fatos alegados pelo autor. Quer nos parecer que a doutrina, durante largos anos, procurou resolver o problema da ausência de depoimento do réu a partir de um elemento **subjetivo** muito frágil, qual seja, a intenção de este confessar por meio do silêncio. Cientificamente, não se pode conceber a ideia de que o réu, ao deixar de responder à ação, e, em consequência, de prestar depoimento, pretenda, com essa omissão, reconhecer, de maneira tácita, a veracidade dos fatos narrados pelo adversário. Ora, ilação nesse sentido chega a ser absurda, pois como se sabe não há, nessa hipótese, manifestação da vontade do réu. Se, como quer a doutrina tradicional, em situações como a que estamos a examinar, ocorre a confissão fictícia do réu, como se explica o fato de ele, muitas vezes, recorrer da sentença que se baseou nessa *ficta confessio* para tentar demonstrar, por exemplo, que não pôde comparecer a juízo, a fim de se defender ou de prestar depoimento?

Sejamos francos: o que faz gerar a presunção de veracidade dos fatos narrados na petição inicial não é a alardeada **confissão fictícia** do réu, e, sim, a letra da lei (CPC, art. 344), que não se prende a elementos subjetivos. Por outras palavras, o legislador, procurando solucionar o problema da ausência de resposta do réu, ou de seu depoimento, disse que, em tais casos, serão considerados (presumidos) verdadeiros os fatos relatados pelo autor. É uma regra eminentemente objetiva que não leva em conta a vontade, a intenção do réu. Trata-se, enfim, de uma norma pragmática, traçada pelo legislador, com vistas a resolver, com objetividade, o problema da contumácia processual. O art. 344, do CPC, constitui, portanto, uma autorização para que o juiz forme a sua convicção jurídica com base nos fatos constantes da inicial, sem perder-se em elucubrações acerca da eventual intenção (elemento subjetivo) do réu de confessar. A intenção do réu, por isso, não é objeto de julgamento, mas, sim o fato objetivo da inexistência de contrariedade aos fatos trazidos pelo autor.

Exatamente por esses motivos é que ao réu, se inconformado com a sentença que lhe foi desfavorável, incumbirá comprovar não a sua vontade de não confessar (elemento subjetivo), mas a sua impossibilidade de responder à ação ou de comparecer a juízo para depor (elemento objetivo).

Como já deixamos exarado em linhas pretéritas, é elementar que a regra contida no art. 344 do CPC não deve ser utilizada pelo juiz de maneira absoluta, como se o revel fosse um celerado, um contraventor. Essa norma legal não o inibe, na qualidade de diretor do processo, de, quando menos, ouvir o autor, e, por essa forma, inteirar-se melhor acerca dos fatos da causa; em muitas dessas ocasiões, como a prática tem revelado, o autor chega, mesmo, a admitir, total ou parcialmente, como verdadeiros certos fatos contrários aos seus interesses externados na causa, caracterizando, com isso (e, aqui, sim) a confissão real, fazendo com que fique anulado o efeito processual que a lei atribui à revelia (CPC, art. 344) e à ausência de depoimento do réu. Essa providência tanto mais se impõe no processo do trabalho, em que as petições iniciais soem conter uma quantidade considerável de fatos.

Uma outra indagação cumpre ser efetuada: os efeitos da revelia se verificam em todas as espécies de ação? Seria, sem dúvida, tarefa ingente tentarmos examinar o fenômeno da revelia em face da multiplicidade das ações admissíveis em juízo. Por isso, iremos nos dedicar ao exame daquelas ações mais frequentes no processo do trabalho, ou que, de qualquer forma, sejam com ele compatíveis.

a) Ação declaratória. Nada obsta o uso desta ação no processo do trabalho, inclusive, em caráter incidental (CPC, art. 20). Conquanto possa ser considerado algo insólito, o fato é que a ação declaratória poderia ser utilizada para obter um provimento jurisdicional que dissesse, exclusivamente, se há (ou houve) relação de emprego entre as partes (CPC, art. 19, I). Na prática, entretanto, o autor prefere ingressar com uma ação declaratória-condenatória, uma vez que isso convém aos seus interesses, que, quase sempre, são de índole econômica (embora o art. 17 do CPC, haja colocado o substantivo "interesse" ao largo de qualquer adjetivação).

Pois bem, se o réu deixar de responder à ação declaratória será revel, atraindo a incidência, contra si, da regra estampada no art. 344, do CPC. Como asseveramos, não há razão jurídica para recusar-se, em sede de ação declaratória, a atuação dos efeitos inerentes à revelia (e à falta de depoimento do réu).

Mesmo na ação declaratória incidental esses efeitos ocorreriam. Não se diga que a questão prejudicial, objeto da ação declaratória, é a mesma da ação principal, e, com isso, seria impossível considerar-se verdadeiros os fatos alegados pelo autor, na inicial da declaratória. Ora, a circunstância, p. ex., de os fatos narrados pelo autor na declaratória (réu na ação principal) estarem em natural antagonismo com os alegados na petição inicial da ação principal, por si só, não impede a revelia do réu, na declaratória (autor, na principal), e a liberação dos efeitos processuais previstos no art. 344, do CPC. É certo que o magistrado, nessa hipótese, deverá prover-se de cautela redobrada, em virtude da existência de duas ações (principal e declaratória). Citemos um exemplo. O autor ingressou em juízo, pretendendo obter um provimento: a) declaratório da existência de relação de emprego com o réu, e, também: b) condenatório deste ao pagamento de salários, horas extras, indenizações, adicional de insalubridade etc. O réu não só contesta os fatos e os pedidos, como ingressa com uma declaratória incidental, a fim de que o juízo diga, antes de determinar a produção de provas que tenham como objeto fatos outros, não pertinentes diretamente à existência, ou não, do vínculo de emprego (e, sim, às horas extras, à insalubridade e o mais), se houve, ou não, uma relação de emprego entre as partes. Citado, o trabalhador deixa de responder, tomando-se revel e fazendo com que sejam reputados verdadeiros os fatos alegados pelo autor, na declaratória incidental (réu, na ação principal). Nessa hipótese, a confissão do trabalhador terá efeitos também na ação principal, em que figura como autor: declarada a inexistência de vínculo de emprego (escopo exclusivo da declaratória incidental), ficará totalmente prejudicada a ação principal, cujos pedidos, aí formulados, haverão de ser rejeitados.

O que se pode discutir é se a ação declaratória incidental é compatível com o processo do trabalho; entendido que sim, não há como evitar a conclusão de que a revelia, nela ocorrida, terá os seus efeitos repercutidos na ação principal.

No exemplo que formulamos, se bem repararmos veremos que a ação declaratória incidental, ajuizada por aquele que era réu na ação principal, teve como objetivo, na verdade, antecipar o provimento relativo à ação principal, no capítulo concernente à declaração da existência ou inexistência da relação de emprego, como providência tendente a evitar eventual dispêndio de atividade jurisdicional, que seguramente haveria se, produzidas todas as provas na ação principal, inclusive, quanto às horas extras, à insalubridade etc., viesse a sentença aí proferida a afirmar a inexistência de vínculo de emprego entre os litigantes.

b) Nas tutelas de urgência requeridas em caráter antecipado ou cautelar, antecipada. Essas tutelas estão reguladas pelos arts. 303 e 305 do CPC. As tutelas de urgência cautelar vieram, em alguma medida, ocupar o lugar até então reservado ao poder geral de cautela do magistrado (art. 798 do CPC anterior), e as tutelas da evidência substituíram, em certa medida, a antecipação dos efeitos da tutela, de que cuidava o art. 273 do CPC anterior.

Não sendo contestado o pedido de concessão de tutela antecipada ou cautelar, desde que ajuizadas em caráter **antecedente** (ou seja, antes do ingresso da ação principal), serão presumidos aceitos pelo requerido os fatos alegados pelo requerente (CPC, art. 307, *caput).*

c) Ação de segurança. Antes de mais nada, um repelão doutrinário: não se ajuíza **mandado** de segurança, mas, sim, ação de segurança; o mandado é o **objeto** da ação. Por isso, costuma-se dizer que ele é impetrado, ou seja, requerido, suplicado.

Não há lugar (desculpem-nos pelo galicismo) na ação de segurança, para os efeitos da revelia (CPC, art. 344). A razão é palmar: o exercício dessa ação pressupõe a existência de "direito líquido e certo". Na verdade, a liquidez e a certeza, na espécie, não são do direito, mas dos fatos de que se origina o pedido. Feito esse retoque doutrinário, devemos dizer que a prova do fato alegado, na ação de segurança, deve ser sempre documental (Lei n. 12.016/2009, art. 6º, *caput*). Trata-se, dessa forma, de meio de prova exclusivo, que é elaborado antes do ingresso em juízo, via de regra. Como não há provas orais (depoimentos, inquirição de testemunhas), pois os fatos devem constar de documentos juntados à petição inicial ou, excepcionalmente, em momento posterior, fica evidente que a falta de informações, pela autoridade apontada como coatora, não produz os efeitos inerentes à revelia. A risca, nem mesmo revelia existe, seja porque a referida autoridade não figura na ação como ré, segundo o conceito clássico desta figura, seja porque a prestação de informações, conforme entendemos, é meramente facultativa.

Seja por uma razão ou por outra, o fato é que a ação de segurança, por sua natureza, repele os efeitos da revelia — se revelia aqui possa existir. Para melhor compreensão da matéria, recomendamos a leitura de nosso (*Mandado de segurança da justiça do trabalho*. São Paulo: LTr, 2010).

d) Ação rescisória. Em princípio, não vemos como possam atuar, em sede de ação rescisória, os efeitos da revelia. Não estamos a asseverar que não possa haver revelia nesta espécie de ação. É óbvio que se o réu, citado regularmente, deixar de se defender será revel. Quanto aos **efeitos** da revelia, no entanto, pensamos que não se produzam na ação rescisória, pois o objetivo desta é a desconstituição da coisa julgada material. Ora, se a sentença passada em julgado se baseou nos fatos alegados e provados pela parte, ou que se tornaram incontroversos, não se pode conceber, sem grave falta contra a lógica, que esses fatos, protegidos pela autoridade da *res iudicata*, cedam lugar aos efeitos da revelia ocorrida na rescisória. No mesmo rumo, a Súmula n. 398, do TST.

Não deixa de ser significativa, por outro lado, a particularidade de o CPC, ao disciplinar o exercício e o procedimento da ação rescisória, não fazer nenhuma remissão ao art. 344, do mesmo Código. O art. 972 se ocupou, apenas, em afirmar que se os fatos narrados dependerem de prova o relator delegará competência ao "órgão que proferiu a decisão rescindenda", para coligi-la. A expressão por nós aspada, utilizada pelo CPC atual, é, à evidência, inadequada, pois mesmo quando a decisão rescindenda for acórdão proferido por Turma ou Câmara do próprio Tribunal, a competência não será delegada e esses órgãos fracionários, mas ao de primeiro grau. Essa delegação será realizada por meio de carta de ordem.

e) Ação coletiva ("dissídio coletivo"). Nessa modalidade *sui generis* de ação, o provimento jurisdicional, ao contrário do que classicamente ocorre, não se destina a aplicar norma legal preexistente, senão que a criar a norma jurídica material que regulará, durante certo tempo, as relações entre os integrantes das categorias em conflito.

O acórdão emitido nessas ações ostenta, portanto, caráter normativo; mais do que isso, constitui fonte formal de direito. Já se disse, com propriedade, que o acórdão normativo possui corpo de sentença e alma de lei, e que o poder normativo, que a Constituição Federal comete aos Tribunais do Trabalho, é "confusionista de poderes" (Gallart-Folch).

Essas peculiaridades da ação em exame já são suficientes para evidenciar a impossibilidade de se produzirem, aqui, os efeitos típicos da revelia. E inegável que pode haver revelia nas ações coletivas trabalhistas: basta que o réu deixe de responder; o que não se admite é que os efeitos da contumácia ocorram. A propósito, a disciplina legal atinente a essas ações é diversa da alusiva às ações individuais. Basta ver que, em relação a estas últimas, se o autor deixar de comparecer à audiência haverá extinção do processo ("arquivamento") sem resolução do mérito; se a ausência for do réu, ocorrerá a revelia (CLT, art. 844, *caput*). No tocante às ações (dissídios") coletivos, entrementes, se uma das partes, ou nenhuma delas comparecer à audiência (de conciliação) "o presidente submeterá o processo a julgamento" (CLT, art. 864).

Na petição inicial da ação coletiva, o autor não narra fatos que se refiram a uma situação protegida pelo direito, senão que expõe as razões pelas quais deseja ver instituídas, em benefício da categoria, determinadas cláusulas. Logo, se o réu não responde à ação, não cabe ao tribunal considerar verdadeiros os fatos afirmados na inicial, e, sim, verificar se as pretensões aí manifestadas são justas, ou não.

Com certa reserva, podemos dizer que na ação coletiva o tribunal não está subordinado às regras contidas no art. 141 do CPC, razão pela qual lhe será lícito julgar *ultra* ou *extra petita*.

De igual modo, o réu não está escravizado ao princípio da impugnação especificada dos fatos (CPC, art. 341); logo, o seu silêncio, por si só, não autorizará o acolhimento dos pedidos formulados na inicial. O acolhimento ou a rejeição derivarão do juízo de razoabilidade, a que o tribunal deve atender no plano dos dissídios coletivos. Entrarão em jogo, nesse momento, e de maneira conjugada, as necessidades da categoria profissional, a possibilidade de a econômica atender a essas necessidades e os interesses públicos que possam estar em causa.

f) Na execução. Caracteriza-se, processo de conhecimento, pela incerteza quanto a quem efetivamente seja o detentor do direito disputado; dessa incerteza, sob certa medida, brotaram os princípios democráticos da ampla defesa e do contraditório e o dever legal de o magistrado ministrar um tratamento rigorosamente igualitário aos litigantes, sob pena de nulidade do processo, a partir do momento em que se deu a quebra desse dever.

Ao se considerar que o direito invocado pelas partes advém dos fatos alegados, encontra-se em perfeita harmonia com a nota particular do processo cognitivo a regra legal de que a falta de impugnação desses fatos faz com que sejam considerados verdadeiros, tornando-os, assim, incontroversos e dispensando a correspondente produção de provas. Por outros termos, a falta de impugnação dos fatos faz com que, por um artifício do legislador, desapareça a incerteza que figurava como uma espécie de pano de fundo do processo de conhecimento.

No processo de execução, todavia, não atuam os efeitos da revelia, pela mesma razão lógica que esses efeitos incidem no processo de conhecimento. Justifiquemo-nos.

Ao contrário do que se passa no processo cognitivo, no de execução há uma certeza quanto ao direito, representada pelo pronunciamento jurisdicional transitado em julgado (estamos cogitando da execução definitiva, embora os nossos argumentos sirvam, em boa medida, à provisória), convertido em título executivo. Dessa forma, se, por exemplo, o devedor, em seus embargos, afirma determinados fatos, o silêncio do adversário não deve conduzir à "presunção" de veracidade desses fatos, pois, no processo de execução, os atos que se praticam se destinam a fazer com que as coisas se disponham, no plano da realidade prática, conforme o comando que se esplende da sentença exequenda, ou seja, os fatos são aqueles que derivam do título executivo ou que a ele se ligam, intimamente. Demais, os fatos que possa o devedor alegar, nos embargos, devem, no geral, ser comprovados documentalmente ou por meio de exame pericial, cujos meios de prova repugnam a ideia de que sejam aceitos, pela parte omissa, os fatos alegados pelo adversário.

Nem mesmo na liquidação mediante artigos, em que, segundo se diz, devem ser provados "fatos novos" deve ser admitida a "presunção" de veracidade desses fatos, na hipótese de uma das partes (habitualmente, o devedor) deixar de impugná-los. Na realidade, tais fatos não são "novos", quanto à sua existência, consistindo, isso sim, num detalhamento, numa especificação dos fatos em que se baseou a sentença (título executivo). Assim, se, *v. g.*, o réu foi condenado ao pagamento de horas extras e a sentença determinou que a liquidação se desse por meio de artigos, como o fato-básico (horas extras) já foi demonstrado pelo autor e admitido pela sentença, o "fato novo" (expressão equívoca) nada mais será do que a simples definição do número (quantidade) de horas extras devidas.

Vê-se, portanto, que o denominado "fato novo" nada tem, em rigor, de novo, correspondendo, apenas, à definição, à determinação do fato-básico.

Dessa maneira, se o réu deixar de se manifestar sobre os artigos de liquidação apresentados pelo autor, isso não significa que o juiz deva, necessariamente, reputar verdadeiros tais fatos, pois, como foi dito, estes se encontram umbilicalmente ligados à sentença passada em julgado. Assim, eventual aceitação, como verdadeiros, dos fatos alegados pelo autor, em seus artigos de liquidação, poderia estar em antagonismo com a sentença, cuja obrigação, nela contida, deve ser tornada líquida para que o título se torne exigível. Convém lembrar que o escopo da liquidação é o de traduzir, com o máximo de fidelidade, o comando que se irradia do título executivo. Por este motivo, não se pode cogitar de confissão do devedor, sob pena de vir-se a conceder ao credor mais do que a sentença transitada em julgado lhe concedeu. A propósito, o art. 879, § 1º, da CLT, adverte que na liquidação "não se pode modificar, ou inovar, a sentença liquidanda, nem discutir matéria pertinente à causa principal".

É recomendável persistir: no processo de conhecimento, os fatos narrados pelo autor, na inicial, não foram reconhecidos por nenhum pronunciamento da jurisdição; o que o autor pretende, aliás, é que a sentença venha a reconhecer a veracidade desses fatos, surgidos de uma versão da realidade que assinalou a relação jurídica entre as partes. Bem ao contrário, os fatos mencionados nos artigos de liquidação se vinculam a um pronunciamento da jurisdição, motivo por que o silêncio do réu, em face deles, só autorizará o juiz a considerá-los verdadeiros desde que estejam em consonância com a sentença liquidanda.

Para arrematar: enquanto, no processo de conhecimento, o silêncio injustificado do réu diante dos fatos descritos pelo autor permitirá ao juiz julgá-los verdadeiros, porquanto esses fatos estavam "soltos no mundo", na execução, a mudez do devedor não dispensará o juiz de verificar se os fatos afirmados pelo credor refletem, com fidelidade, a sentença a que se ligam. É certo que nos casos em que ocorre essa fidelidade, "parece" que o juiz considerou verdadeiros os fatos alegados pelo credor exclusivamente em decorrência da falta de impugnação, pelo devedor. Essa coincidência tem feito supor ser aplicável, no campo da execução, a regra inscrita no art. 344, do CPC; cuida-se, contudo, de uma distorção óptica, pois, na verdade, quando o juiz aceita os fatos expostos pelo credor é porque estavam em consonância com a sentença liquidanda ou exequenda. Convém lembrar, aqui, a figura mitológica da *Fata Morgana,* das lendas bretãs, que possuía, entre outros poderes, o de distorcer as imagens formadas nas superfícies dos lagos pelas árvores, pessoas, ou objetos próximos.

Art. 345. A revelia não produz o efeito mencionado no art. 344 se:

I — havendo pluralidade de réus, algum deles contestar a ação;

II — o litígio versar sobre direitos indisponíveis;

III — a petição inicial não estiver acompanhada de instrumento que a lei considere indispensável à prova do ato;

IV — as alegações de fato formuladas pelo autor forem inverossímeis ou estiverem em contradição com prova constante dos autos.

Comentário

*Caput.* Norma correspondente à do art. 320 do CPC revogado.

Passa-se a indicar os casos em que a revelia não produzirá os efeitos previstos no art. 344.

Inciso I. **Pluralidade de réus**. O inciso em exame não tem o alcance que a sua expressão literal faz supor. Somente no regime litisconsorcial do tipo **unitário** é que a contestação apresentada por um dos compartes beneficiará os demais. A razão é compreensível: nessa modalidade de consórcio para a lide, a decisão tem que ser uniforme para todos os compartes; destarte, eventual entendimento de que a contestação oferecida por um litisconsorte não aproveitaria os demais seria aberrante e subversiva do princípio nuclear de que a lide deve ser solucionada de maneira igual para todos.

No litisconsórcio simples, opostamente, os atos praticados pelos litisconsortes não se comunicam, justamente porque, aqui, a decisão não precisa ser homogênea, podendo, por isso, a lide ser composta de modo diversificado para cada litisconsorte. É com vistas a esta espécie de regime litisconsorcial que se deve interpretar o **princípio** contido no art. 117, do CPC.

De qualquer sorte, isso é axiomático: mesmo no litisconsórcio simples, a omissão de um litisconsorte não prejudicará os demais. Conquanto a lei não o diga, essa regra de comedimento foi entretecida pela doutrina e consagrada pela jurisprudência.

Inciso II. **Direitos indisponíveis**. A norma do inciso II, *sub examen*, será reiterada pelo art. 392, *caput*.

Levando-se em consideração que estamos a cuidar dos efeitos da revelia (e das exceções legais), será rara a incidência, no processo do trabalho, do inciso II, do art. 345, pois dificilmente o réu (empregador) terá direito indisponível para ser invocado em seu benefício. Se a realidade prática, no entanto, apontar a existência de indisponibilidade de algum direito do réu, é certo que, nessa hipótese excepcional, a revelia não produzirá os efeitos que lhe são imanentes. Diante disso, caberá ao juiz ordenar que o autor especifique as provas que pretende produzir, se ainda não as houver indicado (art. 348).

A União, os Estados e os Municípios podem confessar; logo, verificam-se, quanto a eles, os efeitos da revelia.

Inciso III. **Instrumento indispensável**. Não se produzirão os efeitos da revelia se a inicial estiver desacompanhada de instrumento que a lei considere ser da essência do ato. O CPC anterior aludia a instrumento **público** (art. 320, III). Cotejando-se ambas as normas, vemos que a atual, ao fazer referência genérica a **instrumento**, está a compreender tanto o público quanto o particular.

No processo do trabalho são raros os casos em que a norma legal exige a presença instrumento público que a lei repute indispensável à prova do fato. Se, entretanto, em um caso singular, for imposta a presença de instrumento público, e a petição inicial não o trouxer, a revelia não acarretará os efeitos referidos no art. 344, do CPC.

Do ponto de vista prático, todavia, o que se deve entender da declaração enunciada pelo art. 345, do CPC, de que se ocorrer uma das hipóteses referidas por essa norma o efeito da revelia não será produzido? Essa dicção da lei significa que subsistirá, para o autor, o ônus de demonstrar a veracidade dos fatos alegados na petição inicial. Em virtude disso, deverá o juiz intimá-lo, a fim de que especifique as provas que pretende produzir, se ainda não as indicou (art. 348). Em regra, a prova será testemunhal. A documental deverá ter sido produzida com a petição inicial (CLT, art. 787; CPC, art. 320). Nem sempre, porém, as provas serão coletadas em audiência, como imaginou o legislador; situações especiais autorizam que seja produzida fora da audiência, como se dá com o exame pericial que for necessário ou indispensável.

Ocorrendo o efeito da revelia, o juiz estará autorizado a realizar o julgamento antecipado do mérito (CPC, art. 355, II), emitindo, em razão disso, a sentença de mérito (*ibidem*). A antecipação, na espécie, decorre da desnecessidade de o processo ser submetido à fase de colheita de provas orais (depoimentos das partes, inquirição de testemunhas). Salta-se, assim, diretamente da revelia para o pronunciamento de mérito — conquanto o juiz possa proceder ao interrogatório do autor. A regra do art. 344 do CPC (assim como do art. 844, *caput*, da CLT) é de boa lógica, pois se o réu, por ser revel, não impugnou os fatos afirmados pelo autor, esses fatos se tornaram incontroversos, tornando dispensável. Em virtude disso, a realização de audiência tendente a coligir as provais orais. Somente os fatos controvertidos devem ser objeto de prova (CPC, art. 374, II e III).

A declaração da lei, de que, verificado o efeito da revelia, o juiz conhecerá imediatamente do pedido, proferindo a sentença de mérito (CPC, art. 355, II), reclama alguns temperamentos, que serão a seguir expostos.

Primeiro: como advertimos inúmeras vezes, em páginas anteriores, o efeito da revelia não subtrai, por si só, o poder de o juiz, como reitor soberano do processo (CLT, art. 765), tomar o depoimento do autor, com o propósito não apenas de melhor inteirar-se acerca dos fatos da causa, como de investigar se as declarações deste coincidem com os fatos relatados na inicial. Eventual discrepância entre as declarações do autor e os fatos lançados na inicial configurará confissão **real**, que, por sua vez, autorizará a neutralização do efeito da revelia, nomeadamente para aqueles que veem nesse efeito uma presunção (relativa, por certo) de veracidade dos fatos postos na petição inaugural.

Segundo: nem sempre o juiz, mesmo verificando a ocorrência do efeito da revelia, proferirá sentença de mérito. Nada obsta que ele extinga o processo sem pronunciamento sobre as questões de fundo da demanda quando perceber que está ausente algum pressuposto de constituição ou de desenvolvimento regulares da relação processual (capacidade de ser parte, capacidade de estar em juízo; jurisdição, competência etc.) ou uma das condições da ação (legitimidade *ad causam* e interesse de agir).

O exame desses pressupostos e das condições da ação, aliás, não é uma faculdade, senão que um dever do magistrado, a quem cabe, por esse motivo, pronunciar-se *ex officio* sobre a matéria (CPC, art. 485, § 3º).

Terceiro: não ocorrerá o efeito da revelia toda vez que a matéria for daquelas a que se convencionou designar, não sem uma ponta de impropriedade, como sendo "de direito", em oposição à que é constituída pelos fatos alegados pelo autor e que devam ser por este provados.

"Matéria de fato" e "matéria de direito" não são expressões que necessariamente se contraponham. Esta significa que a formação do convencimento do magistrado dependerá, tão somente, da interpretação que extrair das normas legais invocadas pelo autor; aquela, que os fatos, como acontecimentos da vida dotados de aptidão para produzir consequências na ordem jurídica, para serem aceitos pelo julgador devem ser provados por quem os alegou. É evidente, porém, que a presença de matéria "de fato" não exclui a necessidade de apreciação dos fatos sob o ângulo do direito. No âmbito das matérias de direito encontra-se, também, o **pedido juridicamente impossível**, assim considerado aquele em relação ao qual há um veto da lei quanto ao seu acolhimento judicial. Destarte, a revelia não produz o efeito que lhe é característico quando se tratar de pedido dessa natureza. A propósito, será preferível que se fale de pedido juridicamente **inatendível**, pois, em princípio, todo pedido é possível, do ponto de vista de sua formulação. O seu acolhimento é que se torna impossível.

Quarto: o efeito da revelia não dispensa a sentença de conter os três elementos estruturais exigidos por lei (CLT, art. 832; CPC, art. 489, I a III), a saber: relatório, motivação e dispositivo; especialmente a fundamentação, que é um requisito com sede na Constituição Federal (art. 93, IX). Sobre os demais requisitos previstos nos §§ 1º a 3º ,do art. 389, do CPC, iremos nos pronunciar quando dos comentários a essa norma legal. No procedimento trabalhista sumariíssimo, a lei dispensa o relatório (CLT, art. 852-I, *caput*).

Quinto: conquanto revel, o réu poderá ser vencedor na causa se houver um fato notório (CPC, art. 374, I) que o beneficie. É bem verdade que se pode discutir se o fato detém, ou não, o atributo de notoriedade. Notório que seja o fato, ele terá preeminência com relação ao efeito da revelia, justamente porque essa nota peculiar da notoriedade prescindirá de prova quanto à existência do fato. Um outro caso em que o revel poderá ser vencedor na causa: se o laudo pericial concluir pela inexistência de insalubridade ou de periculosidade, sendo esse o único pedido formulado pelo autor. Ocorre que, mesmo havendo revelia, a existência de insalubridade (e a classificação de seu grau) ou de periculosidade dependem de exame pericial, por força do disposto no art. 195, § 2º, da CLT.

Sexto: nada impede que o juiz, em determinadas situações, converta o julgamento em diligência, conquanto presente o efeito da revelia, com o propósito de apurar a verdade (real) dos fatos. Não se pode ignorar que o processo do trabalho outorga ampla liberdade diretiva aos juízes (CLT, art. 765). Cuidará o magistrado, entrementes, para que a sua preocupação com o descobrimento da verdade não o afaste do dever de neutralidade, a que se encontra legalmente submetido. Assim, a mesma regra de prudência que aconselha o juiz a não decidir, de modo sistemático, contra o revel, o adverte para que não se converta em defensor dos interesses deste. Estamos convencidos de que os juízes têm sabido encontrar o indispensável ponto de equilíbrio entre essas duas situações contrastantes.

Inciso IV. **Alegações inverossímeis ou em desacordo com a prova**. Estas causas impeditivas da produção dos efeitos inerentes à revelia constituem novidade trazida pelo CPC atual.

**Alegações inverossímeis**. O efeito característico da revelia é a presunção de veracidade dos fatos alegados na petição inicial. Sob essa perspectiva, ficaria difícil, em princípio, admitir-se a possibilidade de o juiz deixar de reconhecer a ocorrência desse efeito quanto ao fato alegado pelo autor lhe parecer inverossímil. Não seriam inconciliáveis, dos pontos de vista lógico e jurídico, a existência dessas duas situações, significa dizer, se a revelia gera a presunção de serem verdadeiros os fatos postos na inicial, como seria possível ao juiz considerar inverossímeis os fatos que nem sequer foram contestados pelo autor? Ainda que em casos remotos, isso é acontecível. Digamos que o autor haja alegado, na inicial, jamais ter usufruído, durante os dez anos em que trabalhou para o réu, de intervalo para repouso ou alimentação. Não é crível, segundo os ditames do senso comum, que isso tenha, efetivamente, ocorrido. Em casos como esse, caberia ao juiz tomar o depoimento do autor e, se verificar que este, muitas vezes, teve esse intervalo com a duração mínima prevista em lei, mandar apurar na fase de liquidação, mediante artigos, quantas vezes houve esse intervalo, e quantas, não. Lembremos que o **senso comum** designa o modo de pensar da maioria das pessoas, o conjunto dos conhecimentos adquiridos pelos seres humanos em geral, durante a vida. São conhecimentos empíricos, que, portanto, não se baseiam em métodos científicos, mas no modo comum de assimilar conhecimentos hauridos do cotidiano. São uma espécie de **máximas de experiência** que se obtém da observação daquilo que ordinariamente ocorre. Essas máximas estavam previstas no art. 335 do CPC anterior, e foram mantidas pelo CPC atual (art. 375).

**Desacordo com a prova**. O efeito da revelia também não ocorre se estiver em desacordo com a prova dos autos, notadamente, a documental. Se, por exemplo, o autor juntou à inicial documento pelo qual se verifica que ele se demitiu do emprego, o juiz pode não considerar a alegação do autor de que teria sido demitido sem justa causa, máxime se ele não alegou qualquer vício de consentimento, de sua parte, na formação do aludido documento.

### 5.4. Revelia e alteração do pedido

O autor poderia efetuar o aditamento de pedido, ou a alteração da causa de pedir sendo o réu revel?

Antes de mais nada, devemos investigar em que momento o réu se torna revel.

A revelia, como afirmamos, constitui fato processual caracterizado pela ausência injustificada de contestação (logo, pelo réu). O efeito da revelia é a presunção de veracidade dos fatos alegados na petição inicial. Pode haver revelia sem o seu efeito, como demonstra o art. 345 do CPC.

Ora, bem. No sistema do processo do trabalho a revelia se dá na audiência a que o réu deveria comparecer, para, entre outras coisas, apresentar contestação. Os **efeitos** dessa contumácia do réu, entrementes, somente devem ser apreciados, *em concreto*, pela sentença de fundo, que conterá o resultado da prestação jurisdicional solicitada pelo autor.

De modo geral, a sentença é proferida na mesma audiência em que se deu a revelia.

Se o juiz verificar a ocorrência de quaisquer das situações legais em que, *a priori*, não se verifica o efeito característico da audiência (CPC art. 345), mandará o autor indicar as provas que pretende produzir.

Lançadas essas considerações, passemos à resposta à indagação formulada no início deste item: o autor pode aditar pedido ou modificar a **causa petendi** sendo réu revel?

No sistema do CPC isso seria possível, nos termos do art. 329:

"I — até a citação, aditar ou alterar o pedido ou a causa de pedir, independentemente do consentimento do réu; II — até o saneamento do processo, aditar ou alterar o pedido e a causa de pedir, com o consentimento do réu, assegurado o contraditório mediante a possibilidade de manifestação deste no prazo mínimo de 15 (quinze dias), facultado o requerimento de prova suplementar".

Solução diversa há que ser adotada pelo processo do trabalho. Aqui, como ressaltamos em páginas anteriores, ao comentarmos o art. 329 do CPC, qualquer aditamento de pedido ou modificação da causa de pedir ou do próprio pedido somente será possível se ficar assegurado ao réu o prazo mínimo de cinco dias, de que trata o art. 841, § 1º, da CLT. Admitir-se a incidência do inciso II, do art. 329, do CPC no processo do trabalho seria permitir a instalação de tumulto no processo especializado, além de acarretar transtornos na organização das pautas dos juízes. Portanto, no processo do trabalho, configurada a revelia, o autor não poderá acrescentar pedidos, pois estes deverão ser objeto de outra ação. O que, talvez, se possa aceitar é a possibilidade de ser alterada a causa de pedir, desde que isso não implique acréscimo ou alteração dos pedidos. Mesmo assim, razões de ordem ética imporiam o juiz mandar intimar o revel para manifestar-se sobre a alteração da *causa petendi*.

Art. 346. Os prazos contra o revel que não tenha patrono nos autos fluirão da data de publicação do ato decisório no órgão oficial.

Parágrafo único. O revel poderá intervir no processo em qualquer fase, recebendo-o no estado em que se encontrar.

Comentário

*Caput*. A matéria era regida pelo art. 322 do CPC revogado.

A intimação é o ato pelo qual se dá ciência a alguém dos atos e termos do processo (CPC, art. 269). O art. 234 do CPC anterior prosseguia: "para que faça ou deixe de fazer alguma coisa". Esse conceito legal, contudo, não era inteiramente correto, pois embora contivesse o essencial, não levava em conta os casos em que a intimação era feita não para que se fizesse ou se deixasse de fazer alguma coisa, mas, simplesmente, para que alguém fosse cientificado de algum ato processual, praticado ou que se fosse praticar, como, por exemplo, o adiamento da audiência.

O CPC atual contém redação mais apropriada.

Seja como for, o fato é que a intimação está figadalmente ligada com o que se poderia denominar de política moderna de democratização do processo. Aos tempos atuais repugna a existência de processos semelhantes àqueles de que nos fala Kafka, em seu intrigante livro: "O Processo". Hoje, as partes ou o terceiro juridicamente interessado devem ser intimados dos atos do processo, sob pena de nulidade deste, a contar do momento em que essa cientificação deixou de ser feita.

Estando a parte com advogado regularmente constituído, as intimações pertinentes àquela serão efetuadas na pessoa deste, cujo poder, para esse fim, é inerente à cláusula *ad iudicia* (Lei n. 8.906/1994, art. 59, § 2º).

Quebrando a regra da indispensável comunicação dos atos processuais, dispunha o art. 322, do CPC, de 1973, que contra o revel os prazos correriam independentemente de intimação, embora ele pudesse intervir em qualquer fase do processo, recebendo o feito no estado em que se encontrasse. É interessante recordar que quando tramitação na Câmara dos Deputados, o Projeto do referido Código de Processo Civil recebeu algumas emendas, nesse ponto, dentre as quais deve ser realçada a de n. 276, apresentada pelo Deputado Lysaneas Maciel, que tinha o seguinte teor: "Contra o revel correrão os prazos, mediante publicação no órgão oficial, onde houver, ou afixação de edital bem legível à entrada da sala de audiências, com contagem em dobro. Poderá ele intervir no processo em qualquer fase, recebendo-o no estado em que se encontre". Prevaleceu, contudo, a posição dos que retiravam do revel o direito de receber qualquer forma de intimação dos atos e termos processuais. Pareceu-nos mais acertado este entendimento, pois intimar o revel seria, sem dúvida, um ato de deferência injustificável a quem não quis se defender. Tempos depois, todavia, a Lei n. 11.280/2006 deu nova redação ao art. 322, *caput*, do CPC, que passou a ser a seguinte: "Contra o revel que não tenha patrono nos autos, correrão os prazos independentemente de intimação, a partir da publicação de cada ato decisório". Como se percebe, as alterações quanto á redação anterior da norma foram estas: a) se o revel possuir advogado constituído nos autos, deverá ser intimado na pessoa deste; b) se não possuir advogado, o revel não será intimado, caso em que os prazos fluirão a contar da publicação de cada ato decisório.

O art. 346 do atual CPC, sem afastar-se no essencial da linha adotada pelo art. 322 do CPC anterior, estabelece que se o revel não possuir advogado nos autos os prazos contra ele passarão a fluir da publicação do ato decisório no órgão oficial.

Transportando o tema para o terreno peculiar do processo do trabalho, podemos dizer, em síntese, que ao contrário do que ocorre no processo civil, no do trabalho a lei impõe que o réu seja intimado da sentença proferida à sua revelia (CLT, art. 852), possua, ou não, advogado nos autos. Essa intimação será feita na forma prevista no § 1º, do art. 841, do mesmo texto. A partir daí, ou seja, com relação aos atos que vierem a ser praticados após a intimação da sentença, pode-se aplicar, com alguma adaptação, a regra do art. 343 do CPC, de tal modo que as intimações deverão ser realizadas na pessoa do advogado do revel (se houver nos autos procuração outorgada a ele) ou mediante publicação do despacho no órgão oficial. Já não vigora, portanto, a regra inscrita no art. 322 do CPC revogado de que os prazos contra o revel correm independentemente de intimação.

Parágrafo único. Declara, o parágrafo único do art. 346, do CPC, que o revel poderá intervir no processo em qualquer fase, recebendo-o no estado em que se encontrar. Essa disposição exige algumas considerações específicas em face do processo do trabalho.

Em primeiro lugar, é frequente, nesse processo especializado, o julgamento antecipado da lide, decorrente da revelia, ser realizado na própria audiência a que o réu deveria comparecer, para apresentar a sua defesa. Em consequência disso, quando este intervém nos autos, via de regra encontra preclusas as fases processuais que mediavam da defesa à sentença, como as da produção de provas e das razões finais. Nesse sentido é que deve ser entendida a ressalva contida no art. 346, do CPC: "recebendo-o (o processo) no estado em que se encontrar". A possibilidade, portanto, de o revel intervir nos autos a qualquer momento não lhe dá o direito de reabrir fases do procedimento já encerradas.

Em segundo, se, por algum motivo, a sentença não foi proferida na mesma audiência em que ocorreu a revelia, de duas, uma: ou o juiz já considerou encerrada a instrução processual (havendo, apenas, designado o julgamento para outra data), ou aprazou audiência para a produção de provas. Na primeira hipótese, é óbvio que o revel, embora possa intervir nos autos, não terá como produzir provas, pois a fase própria já se encontra oclusa, e, portanto, preclusa; na segunda, porém, ser-lhe-á lícito elaborar provas relativas a fatos não atingidos pela presunção de veracidade que derivou da ausência de defesa e do seu depoimento em juízo. Em resumo: como a revelia, no processo do trabalho, também está associada à falta de depoimento do réu, que, por sua vez, autoriza o juiz a considerar verdadeiros os fatos narrados na petição inicial, o revel, na situação que estamos a examinar, que intervier nos autos quando ainda não tenha sido encerrada a fase de instrução, só encontrará oportunidade para produzir provas concernentes a fatos que não tenham sido abrangidos pelo "efeito da revelia" (CPC, art. 344 — o que, convenhamos, será algo raro).

Assim dizemos, porque se ele deixou de impugnar os fatos alegados pelo autor tais fatos se tornaram incontroversos; e, como é de lei, fatos incontestes não devem ser objeto de prova (CPC, art. 374, II e III).

Terá o juiz, entrementes, ampla liberdade para interrogar o autor e o próprio réu, se assim o desejar, permanecendo o "efeito da revelia" como uma espécie de pano de fundo capaz de suprir os pontos em que a eventual confissão real não incidir.

Repisemos o assunto. A dicção do art. 346, parágrafo único, do CPC, de que o revel, ao intervir no feito, o receberá "no estado em que se encontrar", é extremamente elucidativa. Se a fase dita probatória já se encontrava encerrada, é elementar que o revel já não poderá produzir provas ou contraprovas; se, ao contrário, essa fase ainda se achava em curso, o revel terá direito a produzir provas, salvo as que tenham como objeto os fatos em relação aos quais atuou o "efeito de revelia". Sendo o réu revel e "confesso", não nos parece possível conceder-lhe oportunidade para produzir provas, basicamente, por duas razões: a) como revel, não apresentou defesa (contestação, em especial); logo, que fatos ele irá provar se nada alegou em juízo?; b) como não impugnou os fatos narrados pelo autor, estes se tornaram incontroversos (foram tacitamente admitidos como verdadeiros); sendo assim, mencionados fatos não necessitam ser provados pelo autor, nem admitem contraprova, pelo réu (CPC, art. 374, II e III).

Poder-se-ia, no entanto, indagar: se, de um lado, estando ainda aberta a fase probatória o revel poderia produzir provas, e, de outro, essas provas não poderiam recair sobre fatos que foram alcançados pelo "efeito da revelia", que fatos, enfim, caberia ao revel provar? Respondendo: os fatos cuja apuração dependesse, por exemplo, de conhecimentos técnicos, de tal maneira que seria necessária a realização de exame pericial. Esta situação fica tão mais evidente no caso de perícia obrigatória, como é a concernente aos adicionais de insalubridade ou de periculosidade. Se o autor pede, digamos, adicional de insalubridade, e o revel, embora citado, não responde, tornando-se, portanto, revel, não ocorrerá aqui o "efeito da revelia", pois nos termos do art. 195, § 2º, da CLT, é indispensável a realização de perícia para a apuração da insalubridade e a classificação do grau correspondente.

Cogitamos, até esta altura, a produção de provas pelo revel no processo de conhecimento. Terá ele direito a produzir provas no processo de execução? Em princípio, sim. Com vistas ao exame desse assunto, separemos a fase de liquidação da sentença da execução propriamente dita.

Na liquidação mediante artigos, sobre a qual recai o nosso interesse, há, como se sabe, uma espécie de "cognição incidental", destinada a apurar "fatos novos". Colocando de lado a impropriedade desta última expressão, o que de concreto fica é que tanto o autor quanto o réu podem oferecer artigos de liquidação, embora, na prática, a iniciativa seja quase sempre daquele. Ora, se a modalidade de liquidação que estamos a apreciar se justifica pela necessidade de serem provados determinados fatos ("novos"), é patente que, apresentados os artigos pelo autor, o réu, mesmo sendo revel, terá direito de manifestar-se sobre eles, no prazo legal, e, em consequência, produzir prova quanto às alegações que vier a expender nessa oportunidade. O "efeito da revelia", ocorrido no processo de conhecimento, não se comunica com a liquidação da sentença, no que concerne aos fatos que digam respeito exclusivamente a esta.

Desse modo, se, em decorrência da revelia e do efeito que lhe é próprio, o juiz considerou verdadeiros os fatos alegados na petição inicial (processo de conhecimento), condenando o revel ao pagamento de horas extras, mas, por falta de elementos nos autos, ordenou a liquidação do número dessas horas por meio de artigos, o efeito da revelia, na espécie, está circunscrito à existência de horas extras, não à **quantidade** destas — até porque essa "quantificação" será objeto da fase de liquidação, via artigos.

Pelos mesmos motivos expostos, poderá o revel, sempre que lhe convier, tomar a iniciativa de apresentar artigos de liquidação.

Na execução, propriamente dita, ao revel (devedor) será amplamente assegurado o direito de produzir provas, máxime em decorrência dos embargos que vier a oferecer. Sabe-se, modernamente, pela voz da melhor doutrina, que os embargos do devedor não constituem exceção, nem contestação, nem reconvenção, mas autêntica ação incidental do devedor no processo de execução. Desde que as matérias suscitadas por este possam ser, efetivamente, objeto de embargos, nada poderá impedir o devedor de produzir as provas respeitantes aos fatos mencionados na sua petição. Também aqui, o "efeito da revelia", incidente no processo de conhecimento, não permeia o de execução — naquilo que for atinente aos fatos característicos deste último processo, insistamos.

### 5.5. A sentença

Do ponto de vista formal, a sentença emitida num processo em que se tenha verificado a contumácia do réu em nada se desassemelha da que é proferida em processo no qual o réu contestou os pedidos formulados pelo autor.

Segue-se, que a sentença deverá conter: a) o relatório (exceto no procedimento sumariíssimo); b) a fundamentação e c) o dispositivo (CLT, art. 832; CPC, art. 489, I a III e §§), que são os três requisitos estruturais dessa modalidade de pronunciamento da jurisdição e cuja falta implicará a nulidade do ato e ensejará o exercício da ação rescisória (CPC, art. 966, V). Mais uma vez, nos reservamos para examinar esses requisitos quando dos comentários ao art. 489.

No relatório, o juiz fará um resumo dos principais acontecimentos do processo, aí compreendida a falta de resposta do réu. Se, mais tarde, o revel interveio nos autos e praticou alguns atos, esse fato deverá ser mencionado no relatório.

Conforme asseveramos em outro livro (*A sentença no processo do trabalho*. 4ª ed. São Paulo: LTr, 2010, p. 274/277), em que pese ao fato de o relatório figurar como requisito legal para a validade da sentença, entendemos que, *de lege ferenda*, poderia ser dispensado. Se o escopo do relatório é de natureza política, porque destinado a fazer com que o juiz demonstre às partes haver compulsado os autos e, em razão disso, ficado ciente dos principais sucessos da causa, esse objetivo pode ser perfeitamente alcançável na fundamentação, em que o magistrado, naturalmente, haverá de referir os fatos e examiná-los sob a luz do direito.

De nada vale, por exemplo, elaborar um relatório minucioso se, na motivação, alguns dos fatos relatados (desde que essenciais para a causa) não vierem a ser apreciados.

A prática tem revelado, aliás, um fenômeno digno de nota, quanto aos relatórios das sentenças: ou são extremamente lacônicos, ou exageradamente longos. No primeiro caso, quase sempre, são elaborados pelo próprio juiz, que, premido pela escassez de tempo, faz um arremedo de relatório, nos quais são mencionados uns poucos fatos, e, ainda assim, de maneira vaga; no segundo, a tarefa de confeccionar o relatório é cometida, muitas vezes, a um auxiliar do juiz, que, preocupado em esmerar-se no desempenho desse mister, chega a transcrever, por inteiro, a petição inicial, a resposta do réu, os depoimentos das partes, as inquirições das testemunhas, o laudo pericial e o mais, resultando tudo isso num cartapácio sem utilidade.

O art. 852-I, *caput*, da CLT, dispensa o relatório nas sentenças proferidas no procedimento sumaríssimo.

Na fundamentação, que é o componente racional da sentença, o juiz procederá ao exame dos fatos alegados, em cotejo com a prova produzida, para, depois, realizar a subsunção dos fatos às regras de direito aplicáveis ao caso.

Sentença que não contivesse fundamentação seria, por certo, ato de pura arbitrariedade jurisdicional, porquanto tenderia a refletir não a atuação do direito, mas a vontade do julgador. Como alerta Franco Lancelloti, não é suficiente que o juiz faça justiça: é necessário que demonstre como fez justiça, para, dessa forma, convencer a todos; ou, quando menos, dar uma satisfação às partes e à comunidade, acrescentamos.

Tamanha é a importância da fundamentação da sentença (ou do acórdão), que, em nosso meio, ela foi alçada à categoria de requisito constitucional. Com efeito, estabelece o art. 93, inciso IX, da Constituição Federal, que todas as decisões do Poder Judiciário devem ser fundamentadas, "sob pena de nulidade". Perceba-se que o constituinte brasileiro se preocupou não apenas em exigir a fundamentação, mas — em atitude insólita — em cominar de nulo o pronunciamento jurisdicional que não a contenha.

A revelia não deve ser utilizada como pretexto para se proferir sentença sem motivação jurídica. Nunca é desútil lembrar que vigora, entre nós, o princípio legal do livre convencimento motivado (ou da persuasão racional, como preferem alguns), inscrito no art. 131 do Estatuto Processual Civil, de 1973, de acordo com o qual o juiz teria ampla liberdade na formação do seu convencimento jurídico acerca dos fatos da causa, desde que o fizesse com base na prova dos autos. Esse dispositivo foi tacitamente recepcionado pelo CPC atual e já havia se incorporado, da mesma forma, ao sistema do processo do trabalho. A respeito do art. 131 do CPC anterior, podemos tomar por empréstimo a ilustração de Eduardo Couture, para dizer que a liberdade que possui o juiz, na formação do seu convencimento jurídico, é semelhante à do presidiário em sua cela: pode andar por onde quiser, desde que dentro do cubículo. A cela, no caso, são as provas existentes nos autos.

Como o réu é revel, a tendência natural é que se verifique o efeito da revelia; em razão disso, o juiz considerará verdadeiros os fatos narrados pelo autor, na petição inicial, e proferirá sentença condenatória do réu — exceto se se tratar, p. ex., de pedido juridicamente impossível ou se o fato depender de prova técnica. Se a revelia não produziu o efeito que lhe é característico, por se tratar de uma das situações previstas no art. 345, do CPC, isso significa que o ônus da prova permaneceu com o autor; caberá ao juiz, em consequência, no momento de decidir, examinar se o autor se desincumbiu, ou não, desse encargo probatório.

É elementar que antes de se dedicar ao exame do mérito, o juiz deverá, *ex officio*, verificar se estão presentes os pressupostos de constituição e de desenvolvimento regulares do processo (capacidade de ser parte, capacidade de estar em juízo, capacidade postulatória, jurisdição, competência, inicial apta, citação válida, inexistência de perempção, litispendência, coisa julgada ou conexão etc.), assim como as condições da ação (legitimidade *ad causam* e interesse processual). Ausentes quaisquer desses requisitos legais, o processo será extinto, sem resolução do mérito, a despeito da revelia. Quanto à inépcia da inicial, o seu indeferimento e a consequente extinção do processo só serão possíveis se o autor deixar de atender ao despacho que lhe ordenou emendar ou completar aquela peça (CPC, art. 321, parágrafo único).

O dispositivo (ou *decisum*) é a parte conclusiva da sentença, no qual deverá estar expresso o resultado do exame que o juiz realizou dos fatos, das provas, das normas jurídicas aplicáveis e das circunstâncias dos autos.

Laborou em erro, portanto, o legislador, ao dizer, no inciso III, do art. 489, do CPC, que no dispositivo o juiz "resolverá as questões principais que as partes lhe submeterem". Ora, no *decisum* o juiz nada **resolve**, senão que proclama o **resultado** daquilo que foi apreciado e resolvido na fundamentação. É, pois, no dispositivo onde o juiz irá condenar ou absolver o réu (*vel condemnatione vel absolutione contingit*, segundo o Digesto).

O dispositivo apresenta uma importância especial, na medida que, em princípio, é a única parte da sentença que se submete ao fenômeno da coisa julgada material, como demonstra o art. 504, incisos I e II, do CPC. Em termos práticos, isso quer dizer, p. ex., que se o autor formulou, entre outros pedidos, o de horas extras, e o juiz, embora tenha apreciado, na fundamentação, os fatos pertinentes, mas, no dispositivo, deixado de fazer referência a essas horas, elas estarão fora da condenação. Não significa, todavia, que o pedido tenha sido rejeitado: simplesmente, não foi mencionado no dispositivo. Essa omissão do juiz pode ser sanada por meio de embargos declaratórios. Se o autor não fizer uso desses embargos, nem o réu recorrer, a sentença passará em julgado quanto a outras partes da condenação, excluídas as horas extras. Reiteremos: como estas não integraram o dispositivo, é certo que não foram atingidas pela *res iudicata*; em virtude disso, estará aberta, para o autor, a possibilidade de ajuizar outra ação, para pedir a condenação do réu ao pagamento de tais horas. Nessa ação, contudo, não incidirá o "efeito da revelia", ocorrido na anterior. Caberá o autor, diante disso, produzir prova da jornada de trabalho — exceto se o réu deixar, mais uma vez, de apresentar defesa, ou, defendendo-se, não se desincumbir do ônus da impugnação especificada dos fatos (CPC, art. 341).

O dispositivo deve ser uma decorrência lógica do que foi apreciado na fundamentação, uma conclusão congruente, enfim, com os argumentos lá expendidos pelo juiz. Se, por exemplo, na motivação o juiz afirma que ocorreu o efeito da revelia (CPC, art. 344), mas no dispositivo rejeita o pedido do autor, que fora formulado com base nos fatos alcançados pelo referido efeito, é manifesta a contradição entre a motivação e o dispositivo da sentença, motivo por que caberá ao autor eliminar esse antagonismo por intermédio dos embargos declaratórios. Ausentes estes embargos, prevalecerá o que consta do dispositivo (rejeição do pedido, que, na verdade, deveria ter sido acolhido) pois, como se disse, só ele, em regra, transita em julgado.

Exatamente por isso é que, ao contrário do que se passaria com o pedido que não houvesse sido mencionado no *decisum*, o autor não poderá, na situação em tela, ajuizar outra ação para pleitear as horas extras que haviam sido objeto da primeira ação.

De resto, haveriam de prestar homenagem à ciência e ao rigor vocabular os juízes que anatematizassem o arraigado emprego de fórmulas como:

"julgar procedente a ação...", "julgar procedente em parte a ação" ou "julgar improcedente a ação...", nas situações em que examinam o mérito da causa. Como já advertimos em outras páginas, a ação é o direito público subjetivo de invocar-se a prestação da tutela jurisdicional do Estado; ora, presentes as suas duas condições (legitimidade *ad causam* e interesse processual), é elementar que a ação "procede", embora os pedidos possam vir a ser rejeitados. Por outro lado, quando se diz que a ação foi "improcedente", fica-se sem dar uma justificativa razoável para o fato de se haver ingressado no exame do mérito quando a ação, como direito subjetivo, "não procedeu". É algo tão absurdo quanto admitir-se efeito sem causa.

Já é tempo de perceber que as condições para o regular exercício da ação em nada se confundem com o mérito da causa. A falta de uma daquelas condições torna o autor carecedor da ação; a ausência do direito invocado, ou de prova dos fatos alegados, faz com que os pedidos sejam rejeitados.

Nem mesmo os pedidos formulados pelo autor devem ser julgados "procedentes" ou "improcedentes". **Procedência** significa a origem, a proveniência de alguma coisa. Ora, um pedido sempre "procede", porque emana de algum lugar. Se se deseja prestar homenagem à acribologia, fale-se em rejeição ou em acolhimento dos pedidos. Merece elogios, por isso, o CPC, ao declarar, no art. 490, *caput*, que o juiz, pela sentença, colherá ou rejeitará, no todo ou em parte o pedido — malgrado haja, em outros momentos, incorrido no deslize terminológico de aludir à "procedência" e à "improcedência" do pedido.

O *decisum*, por expressa determinação legal, deverá indicar, ainda, o valor das custas a serem pagas pelo vencido (CLT, art. 832, § 2º).

Embora a lei não exija, é sempre conveniente indicar-se, no dispositivo, a forma pela qual será realizada a liquidação (cálculos, artigos ou arbitramento), pois isso evitará o estabelecimento, após o trânsito em julgado da sentença, de polêmica a respeito da modalidade de liquidação a ser observada. A propósito, fórmulas habitualmente empregadas, como: "as verbas da condenação serão apuradas mediante regular liquidação" são, *data venia*, absolutamente inúteis, pois só se prestam para esclarecer o óbvio; o essencial, aí, é sempre deixado à margem: a **modalidade** pela qual a liquidação será processada.

Sendo o caso, o dispositivo determinará, também, a remessa *ex officio* dos autos ao tribunal, para efeito de reexame necessário, em atendimento ao disposto no art. 1º, inciso V, do Decreto-Lei n. 769/1969. Esse reexame, ao contrário do que têm sustentado alguns escritores, ainda é indispensável, porquanto o inciso V, do art. 1º, do sobredito Decreto-Lei, não foi revogado pelo art. 5º, *caput*, da Constituição Federal. Traduz certa simploriedade imaginar que o interesse público, que está na base da remessa *ex officio*, possa ser colocado no mesmo plano (político e axiológico) do interesse particular.

Mesmo nas denominadas "ações de alçada exclusiva dos órgãos de primeiro grau", instituídas pelo art. 2º, § 4º, da Lei n. 5.584/1970, a remessa *ex officio* deverá ser realizada, pois não se trata de recurso.

No mais, será dispensável que o dispositivo faça referência à correção monetária e aos juros da mora, sabendo-se que ambos integram a classe das "condenações implícitas". As leis processuais não exigem essa menção; nem a proíbem, à evidência. Será recomendável, todavia, que se aluda à correção e aos juros se houver necessidade de fixação dos critérios relativos aos cálculos de uma e de outro.

O dispositivo mandará também intimar as partes e os terceiros, como o Ministério Público do Trabalho e o INSS, quando for ocaso.

**5.6. Revelia e recurso**

Normalmente, o vencido interpõe recurso para ver alterado, em seu benefício, o resultado do julgamento do mérito efetuado pela sentença.

Essa impugnação quanto ao mérito, entretanto, não é possível pelo revel. A razão é incontestável: se a ele fosse concedido discutir as questões de fundo do processo, isso implicaria a supressão de um grau jurisdicional. Com efeito, se o réu é revel, isso significa, por definição, que não se defendeu perante o órgão de primeiro grau; logo, a impugnação do mérito, que viesse a realizar em sede de recurso ordinário, estaria, na verdade, sendo utilizada como sucedâneo camuflado da contestação que deveria ter sido apresentada no juízo *a quo*. Por isso, a supressão de um grau jurisdicional, a que nos referimos.

Dita supressão poderia, até mesmo, ser injusta para o autor, bastando argumentar com a possibilidade de o tribunal dar provimento ao recurso do réu, para, digamos, excluir da condenação as horas extras — que constituiriam, senão o único pedido, o mais importante, do ponto de vista econômico. Como a matéria concernente a tais horas envolve fatos (duração da jornada de trabalho), o autor não teria acesso ao recurso de revista, nos termos da Súmula n. 126, do TST.

O que o revel deve buscar, com o recurso que interpuser da sentença de mérito, é a elisão da revelia, de maneira que, vindo a obter êxito nesse propósito, o processo seja anulado, e, em função disso, obtenha uma nova oportunidade para apresentar a sua defesa, no juízo de primeiro grau.

Se alguém é revel é porque não se defendeu; e, se não o fez, foi por algum motivo juridicamente justificável (supondo-se que sim); destarte, cabe ao revel, como afirmamos, fazendo prova do motivo que alegar, tentar obter, do tribunal, um decreto nulificador do processo em que foi emitida a sentença impugnada, a fim de que tenha reaberta a oportunidade de se defender. Como é óbvio, ficará fora da nulificação a petição inicial.

Embora, como regra, não se permita a juntada de documentos em grau de recurso (TST, Súmula n. 8), as particularidades da revelia tornam, muitas vezes, indispensável essa junção — como faculta, aliás, a Súmula mencionada. O documento destinado a elidir a revelia deve declarar, de maneira expressa, "a impossibilidade de locomoção do empregador ou do seu preposto no dia da audiência" (TST, Súmula n. 122, parte final).

Com vistas à admissibilidade do seu recurso, o revel deverá atender a todos os pressupostos subjetivos e objetivos, inclusive, no tocante a estes, realizando o depósito pecuniário exigido por lei e pagando as custas nas quais tenha sido condenado. Se for dado provimento ao recurso, poderá reaver ditos valores, porquanto o processo, em função dos quais esses depósitos ocorreram, foi declarado nulo.

A despeito de havemos sustentado que o revel não poderá, em seu recurso, impugnar o mérito da sentença — senão que tentar elidir a revelia — isso não corresponde a dizer que o juízo *a quo* poderá denegar o recurso toda vez que verificar que o revel esteja, exclusivamente, impugnando o mérito, e, não, buscando afastar a revelia. Ao juízo *a quo* compete, apenas, o exame dos pressupostos subjetivos e objetivos, legalmente exigidos para a **admissibilidade** dos recursos, sendo, portanto, vedado o ingresso na prospecção das razões de mérito da impugnação. Nem mesmo ao tribunal, como órgão *ad quem*, será lícito não admitir o recurso, por esse fundamento. É evidente que o tribunal poderá recusar o recurso por falta de um dos pressupostos a que aludimos há pouco, tão certo como poderá dar ou negar provimento ao recurso, segundo seja o seu convencimento.

Dando provimento ao recurso, o tribunal declarará a nulidade do processo, tirante a petição inicial, e determinará que o juízo de primeiro grau conceda nova oportunidade ao réu, para que se defenda. Em alguns casos, será necessária nova citação deste; em outros, esse ato será dispensável, sendo suficiente que o réu seja intimado quanto à data da audiência a que deverá comparecer para oferecer a resposta que desejar.

Aproveitamos o ensejo para formular uma sugestão ao legislador: para o futuro, seria desejável que se permitisse ao próprio juízo de primeiro grau rever suas sentenças de mérito, quando impugnadas com fundamento em nulidade. Atualmente, essa revisão é vedada pelo art. 494, do CPC. Não raro, o juiz de primeiro grau, diante das razões do recorrente, se convence da nulidade arguida, mas nada pode fazer, a não ser intimar a parte contrária para oferecer contrarrazões, e, decorrido o prazo, determinar a remessa dos autos ao tribunal. Melhor atenderia aos objetivos do processo, sem dúvida, que se permitisse ao próprio juízo proferidor da sentença impugnada modificá-la, em situações como a que narramos, com o que não só se atenderia ao interesse das partes (pois ao autor também não convém a longa espera do julgamento do recurso, pelo tribunal), como se evitaria um maior congestionamento de recursos nos tribunais.

O art. 331, do CPC, permite, apenas, ao juiz modificar a sentença que houver indeferido a petição inicial, ou seja, que tenha extinto o processo sem exame do mérito — que não é o caso, às escâncaras, da revelia. Quanto ao mérito, a modificação somente pode ocorrer no caso do art. 494, II (embargos de declaração).

Pergunta-se: mesmo que **não** tenha ocorrido o "efeito da revelia", de que se ocupa o art. 345, do diploma de processo civil, vindo, contudo, a sentença a condenar o revel em decorrência das provas produzidas pelo autor poderia aquele, no recurso, atacar o mérito da decisão, ou deveria ater-se ao escopo de elidir a revelia? Conquanto tenhamos alterado os termos da indagação, a resposta é a mesma que seria dada na hipótese de esse efeito ter ocorrido: o réu deverá buscar, exclusivamente, a elisão da revelia.

Não importa se o efeito da revelia tenha se verificado, ou não: isto é algo que concerne ao ônus da prova e à formação do convencimento jurídico do magistrado. A tudo sobreleva o fato de que houve revelia e qualquer tentativa de o revel procurar discutir o mérito da sentença impugnada não esconderá o seu objetivo de suprimir um grau de jurisdição, visto que estará, na verdade, apresentando a sua defesa perante o tribunal.

Como o réu geralmente alega, em grau de recurso, que não foi citado para a ação ou que a citação foi feita de forma irregular, parece-nos apropositado fazer uma pequena incursão pelos domínios da teoria dos atos nulos e dos inexistentes, dada a sua íntima conexão com o tema da revelia.

Apreciemos, portanto, esses dois vícios da citação.

**Citação nula**. Esclareça-se que quando nos referimos à citação nula estamos pressupondo que ela existiu, ou seja, que foi realizada, conquanto em desconformidade com as normas legais incidentes. Se, p. ex., o réu foi citado, no processo de conhecimento, em domingo ou feriado, ou fora do horário do expediente do foro, sem prévia autorização do juiz, o ato, embora tenha sido praticado, o foi em desacordo com a lei (CLT, art. 770), sendo, por esse motivo, nulo (CPC, art. 280).

Apesar disso, não se pode negar que o réu tomou conhecimento da existência da ação, razão pela qual deveria ter comparecido ao órgão de primeiro grau para arguir a nulidade, hipótese em que a citação seria considerada efetuada na data em que ele ou seu advogado fosse intimado da decisão que decretou a nulidade.

Esta é a solução que deve ser dada ao problema também no processo do trabalho. Sendo indiscutível que o nulo transita em julgado, permitindo, portanto, o exercício da ação rescisória (CPC, art. 966, incisos I, II, III, IV, V e VIII", fica difícil admitir a ideia de que o devedor possa, nos embargos à execução, alegar a invalidade do processo de conhecimento em que a citação foi realizada (ainda que de modo irregular). Em muitas situações, aliás, nem se tratará de nulidade, mas de anulabilidade, como quando a citação for feita por forma diversa da prevista em lei (CPC, art. 280).

**Citação inexistente**. Como tal reputamos a que não foi realizada (logo, inexistiu), seja porque o seu instrumento nem sequer chegou a ser expedido, ou, se o foi, acabou sendo recebido por pessoa diversa daquela para o qual foi endereçado.

Conforme enfatizamos em outros escritos, o que nos parece essencial deixar assinalado é o fato de que se a citação foi inexistente e o réu não tomou conhecimento da existência da ação. Nessa perspectiva, é absolutamente necessário que se lhe dê oportunidade para alegar a falta (inexistência) do ato quando oferecer, como devedor, embargos, pois terá sido, na citação para a execução, que tomou ciência, pela primeira vez, da existência da ação (processo de conhecimento).

O tema alusivo à inexistência da citação comporta, ainda, duas variantes, que serão agora examinadas.

a) Inexistência de citação para o processo de conhecimento e de intimação da sentença.

Nessa hipótese, é perfeitamente justificável que se conceda ao devedor a oportunidade para alegar, em seus embargos, a inexistência de citação no processo de conhecimento que ocorreu à sua revelia, porquanto, como observamos, somente no momento da citação para a execução é que ficou ciente daquele processo.

Em face disso, a jurisprudência trabalhista construiu o entendimento de que o devedor, citado para a execução, pode interpor recurso ordinário da sentença (título executivo), pedindo que o tribunal decrete a nulidade (melhor: inexistência) do processo cognitivo, exclusive a petição inicial. Embora essa orientação jurisprudencial esteja imbuída de um elogiável propósito de justiça, parece-nos que ela traz em si um ilogismo incontornável. Assim afirmamos porque se o processo de conhecimento não tem existência jurídica (é, portanto, o não-ser), o réu, ao ser citado para o que se imaginava ser a execução da sentença, deveria alegar a inexistência do processo (cognitivo) perante o próprio juízo de primeiro grau, para que este, reconhecendo a aludida inexistência, abrisse oportunidade para o réu se defender (contestar).

Nem se objete com a regra do art. 494, do CPC. É necessário esclarecer que quando se veda ao juiz a possibilidade de modificar a sentença de mérito não se está considerando, à evidência, a que tenha sido proferida em processo inexistente.

b) Inexistência de citação, com intimação da sentença.

Se o réu não foi citado para o processo de conhecimento (inexistência), mas foi intimado da sentença de mérito, não se concebe que venha a alegar a falta de citação somente na ocasião dos embargos que oferecer, como devedor. O momento oportuno para fazê-lo será o do recurso ordinário que interpuser da sentença. Saliente-se que o processo do trabalho exige que o revel seja intimado da sentença (CLT, art. 852).

É elementar que estamos pressupondo que o revel tenha sido, efetivamente, intimado da sentença; se não o foi, é certo que poderá alegar, nos embargos à execução, a inexistência da citação no processo de conhecimento.

## 6. Reconvenção

Art. 343. Na contestação, é lícito ao réu propor reconvenção para manifestar pretensão própria, conexa com a ação principal ou com o fundamento da defesa.

§ 1º Proposta a reconvenção, o autor será intimado, na pessoa de seu advogado, para apresentar resposta no prazo de 15 (quinze) dias.

§ 2º A desistência da ação ou a ocorrência de causa extintiva que impeça o exame de seu mérito não obsta ao prosseguimento do processo quanto à reconvenção.

§ 3º A reconvenção pode ser proposta contra o autor e terceiro.

§ 4º A reconvenção pode ser proposta pelo réu em litisconsórcio com terceiro.

§ 5º Se o autor for substituto processual, o reconvinte deverá afirmar ser titular de direito em face do substituído, e a reconvenção deverá ser proposta em face do autor, também na qualidade de substituto processual.

§ 6º O réu pode propor reconvenção independentemente de oferecer contestação.

### 6.1. Comentário

*Caput.* O Projeto primitivo do CPC abolia a figura da reconvenção, substituindo-a pelo **pedido contraposto**. Com as alterações introduzidas no projeto, a reconvenção acabou sendo restabelecida.

A reconvenção constitui uma das modalidades de resposta do réu, que, no processo do trabalho, compreendem, ainda, a exceção e a contestação. O atual CPC reduziu a duas essas respostas: a contestação e a reconvenção. Na verdade, há outra espécie de resposta, consistente no "reconhecimento da procedência do pedido" (CPC, art. 487, III, "a"). São, pois, quando menos, quatro as modalidades de resposta, no processo do trabalho, e três, no processo civil. A propósito, melhor teria sido que o legislador de 2015 (assim como o de 1973: art. 269, II) não aludisse ao "reconhecimento da procedência do pedido", mas,sim, **ao reconhecimento do direito alegado pelo autor.**

## 6.2. Conceito

De modo geral, o réu assume uma atitude eminentemente defensiva diante das pretensões formuladas pelo autor, cujo fato se justifica por encontrar-se no polo passivo da relação jurídica processual. A contestação constitui, por isso, a mais característica das modalidades de defesa, de que se pode valer o réu em juízo, uma vez que espelha uma sua resistência aos pedidos deduzidos pelo adversário.

Em determinadas situações, contudo, o réu aproveita o mesmo processo para, além de se defender, assumir uma posição ativa perante o autor, formulando pretensões que devam ser por este satisfeitas. Essa espécie de "contra-ataque" promovido pelo réu põe em relevo a reconvenção, que nada mais é, em termos gerais, do que uma ação deste em face do autor, no mesmo processo. Sob o aspecto sistemático, a reconvenção representa uma das modalidades de resposta do réu.

Estabelecidas essas considerações preliminares, podemos enunciar o seguinte conceito de reconvenção: é a ação do réu, em face do autor, no mesmo processo atendidos os pressupostos legais específicos.

Antes de examinarmos em que consistem os pressupostos para o regular exercício da ação reconvencional, a que aludimos há pouco, devemos dizer que, sob o ângulo prático, a reconvenção foi instituída com o objetivo de atender à política de economia e de racionalização da entrega da prestação jurisdicional. Com efeito, se o réu pretende exercer o direito de ação perante o autor, essa política sugere que ele aproveite o mesmo processo em que foi citado para manifestar a sua pretensão. Desse modo, com a reconvenção passam a existir duas ações, no mesmo processo, submetidas ao mesmo procedimento judicial e que serão apreciadas por uma só sentença. Essa concentração de ações fornece a medida da economia de atos jurisdicionais que com ela se obtém. Deve ser ainda observado que a reconvenção, como a conexão, também se destina a impedir o proferimento de sentenças eventualmente contrastantes, sobre o mesmo negócio jurídico *(in eodem negotio)*, pois é preciso lembrar que o exercício da reconvenção pressupõe, dentre outras coisas, um nexo com a ação principal ou com os fundamentos da defesa (CPC, art. 343).

## 6.3. Pressupostos legais

A reconvenção, como ação, apresenta os seguintes pressupostos:

a) uma causa pendente, pois a reconvenção, como afirmamos, é uma ação exercida pelo réu no mesmo processo, provocando, com isso, uma aglutinação de ações, em que o autor, na primeira, e é réu, na segunda, e vice-versa;

b) o exercício no momento oportuno, porque a reconvenção deve ser apresentada na fase de defesa. No processo do trabalho, como não há prazo preestabelecido para o oferecimento de resposta, por parte do réu, este deverá apresentar reconvenção na audiência destinada à sua defesa. Sob o aspecto lógico, a reconvenção vem depois da contestação, conquanto se vá examinar, mais adiante, se quem não contestou poderá reconvir. Se o réu perder o prazo para reconvir, só mediante ação específica poderá manifestar as pretensões que poderia ter deduzido em sede reconvencional;

c) a identidade de procedimentos, porquanto a ação e a reconvenção (que também é ação) devem ser julgadas na mesma sentença, e, para isso, é imprescindível que se subordinem ao mesmo procedimento;

d) a conexão com a ação principal ou com o fundamento da defesa (CPC, art. 343), pois, conforme ficou esclarecido, ambas as ações devem estar vinculadas ao mesmo negócio (*in eodem negotio*), que, no processo do trabalho, cumpre ser entendido, na maioria dos casos, como o contrato de trabalho firmado entre partes;

e) a competência do juízo, pois seria inadmissível que a reconvenção fosse apresentada a juízo incompetente para examiná-la, embora este possuísse competência para a ação principal. Esse pressuposto merece especial destaque, com vistas ao processo do trabalho, porquanto o réu (empregador) não poderia reconvir ao autor (empregado), *v. g.*, para tentar receber, deste, o valor de aluguel vencido ou algum título de crédito proveniente de relação meramente civil ou mercantil.

Examinados os pressupostos para o exercício da reconvenção, cumpre-nos indagar se ela pode ser formulada em determinadas ações, como a rescisória, a de consignação em pagamento, a declaratória, a coletiva, assim como nos regimes litisconsorciais, na substituição processual e na execução.

**Ação rescisória**. Desde que sejam atendidos os pressupostos que comentamos, nada impede o exercício da reconvenção em ação rescisória. O que se deve levar em conta é a exigência de que a reconvenção se funde em uma das causas de rescindibilidade dos pronunciamentos jurisdicionais de mérito, mencionadas nos incisos I a VIII, do art. 966, do CPC. Embora a resposta reconvencional em ação rescisória seja algo de rara ocorrência prática, ela se justificará quando as partes tiverem ficado vencidas parcialmente diante da sentença rescindenda. O fulcro legal da reconvenção, nesta hipótese, não precisa coincidir, necessariamente, com o da ação principal, mas ser com ela conexa ou com o fundamento da defesa. Do mesmo modo, não se requer que em ambas ações sejam invocados os mesmos juízos *rescindens* e *rescissorium*. Tudo dependerá de cada caso concreto que for submetido à cognição jurisdicional do órgão competente para apreciar a ação rescisória e a resposta reconvencional que aí vier a ser oferecida.

**Ação de consignação em pagamento**. No processo do trabalho, aceita a ação de consignação em pagamento, passou-se a admitir também a possibilidade de ser, no processo a ela pertinente, apresentada reconvenção. Para isso, foi necessário amoldar-se o procedimento especial da ação de consignação ao procedimento ordinário trabalhista. Foi uma indispensável obra de engenharia doutrinária e jurisprudencial. Mais tarde, a Lei n. 8.951, de 13 de dezembro de 1994, alterou o artigo 893, do CPC revogado, de tal maneira que, a contar daí, a petição inicial deve conter, dentre outras coisas, o requerimento para a citação do réu, a fim de que levante o depósito efetuado ou ofereça resposta (inciso II). Assim, o réu passou não mais a ser citado para "vir ou mandar receber a quantia ou a coisa devida". O atual CPC também determina a citação do réu para "levantar o depósito ou oferecer contestação" (art. 542, II).

Essa modificação legislativa facilitou ainda mais a adaptação do procedimento traçado pelo CPC ao que é próprio do processo do trabalho, de tal arte que, aqui, o réu (em regra, o trabalhador) será citado para levantar o depósito feito pelo autor (empregador) ou oferecer contestação. Nessa última hipótese (e na mesma oportunidade), ele poderá, ainda, reconvir, alegando, por exemplo, que era estável no emprego, e pretendendo, em razão disso, a correspondente reintegração.

**Ação declaratória.** Desde que o réu satisfaça aos requisitos legais específicos, poderá reconvir ao autor na ação em que este busque a obtenção de um decreto jurisdicional que diga da existência ou da inexistência de relação jurídica entre as partes ou da falsidade ou autenticidade de documento (CPC, art. 19). A possibilidade de haver reconvenção em ação declaratória, a propósito, está reconhecida pela Súmula n. 258, do Supremo Tribunal Federal.

**Regimes litisconsorciais.** É sempre proveitoso recordar que o litisconsórcio, quanto à obrigatoriedade de sua constituição, pode ser:

a) necessário; ou b) facultativo, e, quanto à posição das partes no direito material: a) simples; ou b) unitário.

É necessário quando se impõe a presença de todos na relação processual; facultativo, quando essa presença total não for exigida. Simples, quando a decisão não precisar ser uniforme para todos os litisconsortes; unitário, quando essa uniformidade for indispensável.

Reavivados esses conceitos, logo se percebe que, em princípio, a reconvenção é possível nos regimes litisconsorciais mencionados, conquanto, em algumas situações, essa possibilidade deixe transparecer uma certa irregularidade na constituição do litisconsórcio, especialmente, o unitário, como quando a reconvenção se refira somente a alguns dos consorciados na lide.

Citemos, como ilustração, um caso em que a reconvenção seria regularmente manifestada no âmbito de um regime litisconsorcial trabalhista: diversos empregados, alegando haver sido contratados por prazo determinado e despedidos sem justa causa, ingressam em juízo, em regime de litisconsórcio, pretendendo obter a condenação do empregador ao pagamento da indenização prevista no art. 479, da CLT. Este, no entanto, reconvém, asseverando que os autores romperam os contratos de trabalho sem motivo legal, razão por que deseja vê-los condenados ao ressarcimento dos prejuízos que causaram com esse ato (CLT, art. 480). O regime litisconsorcial, na espécie, é: ativo, pois integrado por diversos autores; originário, porque se constituiu para efeito do ingresso em juízo; facultativo, porquanto a sua formação não era necessária (cada autor poderia ter ajuizado, separadamente, a sua ação); simples, pois a decisão não precisa ser uniforme para todos (parte deles teria direito à indenização pretendida, e, parte, não).

**Substituição processual.** Reiterando a nossa opinião de que não possuímos, no Brasil, uma substituição processual **genuína**, como tal considerada a que era praticada em certa fase do direito romano antigo, mas simples mandato legal *ad litem* (CF, art. 8º, III), que devemos alertar para a necessidade de o § 5º, do art. 343, do CPC, há de ser adequadamente entendido.

Se o autor estiver agindo como substituto processual, caberá ao reconvinte afirmar ser titular do direito material em face do substituído e dirigir a reconvenção ao autor, também na qualidade de substituto processual.

**Execução.** Não cabe reconvenção na execução por algumas razões elementares, dentre as quais podemos mencionar: a) a diversidade não só dos procedimentos, mas de processos, pois é inconcebível que, no de execução, possa o devedor formular, perante o credor, pretensões próprias do processo de conhecimento; b) os embargos do devedor não constituem defesa, mas ação constitutiva incidental que este ajuíza, com o escopo de impugnar o título executivo em que se funda a execução ou de impedir, de qualquer modo, que esta prossiga. Logo, não faz sentido pensar-se que o devedor possa, na oportunidade em que vier a exercer a ação de embargos, formular reconvenção, que outra coisa não é do que também uma ação.

Seria, todavia, cabível reconvenção de reconvenção? A investigação em torno do assunto provocou, já na vigência do CPC de 1939, intensa cizânia doutrinária e jurisprudencial. Se estivesse atento aos fatos do passado, como lhe incumbia, o legislador de 1973 teria percebido estar diante de si a oportunidade histórica de dar cobro a essa controvérsia, seja afirmando a possibilidade de haver reconvenção de reconvenção, seja negando-a. Como se omitiu a respeito, rendeu ensejo à continuidade da dissenção entre os doutos quanto à matéria.

São estas, em síntese, as opiniões doutrinais contrárias ao exercício de uma resposta reconvencional em sede de reconvenção: a) o autor deve atribuir a si a culpa por não haver ajuizado a ação, cujas pretensões pretende manifestar mediante reconvenção; b) permitir-se a reconvenção, por parte do autor, será ensejar um agravamento da complexidade do processo, tornando-o interminável; c) exigindo, a lei, que a reconvenção seja formulada na fase de defesa, aí está implícita a declaração de que somente o réu poderá fazer uso dela.

Por outro lado, eram (e, de certa forma, ainda são) estes os argumentos dos que defendiam a possibilidade de haver reconvenção de reconvenção: a) o autor não sabia que o réu iria reconvir, e o seu interesse em agora também oferecer reconvenção pode provir justamente daquilo que foi alegado na ação do réu; b) as ações envolvendo as partes são em número finito, exaurindo-se em curto espaço de tempo; c) a impugnação à reconvenção é contestação, sob qualquer aspecto que se a examine.

Ora, se houver conexão entre os fatos pertinentes a ambas as reconvenções ou se estiverem vinculadas ao mesmo negócio jurídico (*in eodem negotio*), e se for idêntico o procedimento judicial de ambas e competente o juízo para apreciá-las, não se pode recusar a possibilidade de o autor também reconvir ao réu, exatamente porque o interesse daquele pode ser surgido em decorrência da reconvenção apresentada por este. A entender-se de maneira diversa, o autor seria levado a deduzir a sua pretensão (de direito material) em ação distinta, que por ser conexa com a reconvenção faria com que fosse distribuída por dependência ao mesmo juiz, que, por sua vez, ordenaria a reunião dos autos correspondentes (CPC, art. 58), a fim de que as ações fossem julgadas de maneira simultânea *(ibidem)*. Em suma: estar-se-ia, em nome de um formalismo injustificável, impondo ao autor um sacrifício, um desgaste e um dispêndio de tempo e de dinheiro que teriam sido perfeitamente evitados se lhe fosse reconhecido o direito de reconvir ao reconvinte.

### 6.4. Procedimento

a) Petição inicial

Não sendo, a resposta reconvencional, modalidade de contestação, mas ação do réu em face do autor, no mesmo processo, ela deve ser manifestada por meio de petição inicial. Isso corresponde a afirmar que essa petição deverá preencher os requisitos exigidos pelo art. 840, § 1º, da CLT, combinado com alguns do art. 319 do CPC: ou seja: a) nomes e prenomes do reconvinte e do reconvindo; b) referência ao juízo a que é dirigida; c) narração dos fatos e indicação dos fundamentos jurídicos do pedido; d) o pedido, com suas especificações.

Não haverá necessidade de ser feita alusão ao estado civil, existência de união estável, número de inscrição no CPF ou no CNPJ, profissão, domicílio e residência do reconvinte e do reconvindo, porque essas informações já devem constar dos autos. Sob esse aspecto, portanto, a reconvenção coincide com a contestação, na qual também é dispensada a indicação desses dados pessoais das partes.

Como as petições iniciais trabalhistas em geral, a de reconvenção também não precisará conter: a) a indicação dos meios de prova de que o reconvinte se valerá; b) o requerimento de intimação do reconvindo; c) o valor da causa, porquanto no sistema do processo do trabalho: 1) a parte pode produzir (no momento oportuno), sem prévia especificação, todas as provas legalmente permitidas; 2) a citação (a "intimação", na reconvenção, tem essa natureza) é realizada *ex officio* (CLT, art. 841) e 3) conquanto a causa deva ter um valor econômico (CPC, art. 291), não se impõe que esse valor conste da petição inicial (Lei n. 5.584/1970, art. 2º, *caput*).

Na vigência do CPC de 1939, a reconvenção era apresentada junto com a contestação, ou seja, na mesma peça (art. 190). No sistema do CPC de 1973 ela passou a ser exigida em petição apartada, pois constitui modalidade específica de resposta do réu. Dessa forma, este, comparecendo a juízo, apresentava (se fosse o caso), em petições distintas, contestação e reconvenção. Ainda que assim devesse ser, não pudemos deixar de reconhecer que eventual formulação de ambas as espécies de resposta numa só peça não implicaria nulidade da reconvenção, nomeadamente, no processo do trabalho, em que o princípio da instrumentalidade, inscrito nos arts. 154 e 244, CPC de 1973, recebia especial e justificada exaltação. Ocasionais dificuldades de ordem prática, que pudessem acarretar o oferecimento da contestação e da reconvenção em peça única, seriam facilmente contornáveis. Pois bem. A redação do art. 343 do atual CPC permite concluir que a reconvenção será apresentada na mesma peça da contestação. Nesse aspecto, retorna-se ao sistema do CPC de 1939 (art. 190).

Cumprirá ao juiz determinar, *ex officio*, que o distribuidor proceda à anotação da reconvenção (CPC, art. 286, parágrafo único).

A petição inicial da reconvenção deverá ser instruída com os documentos indispensáveis ao ajuizamento dessa ação (CPC, art. 320; CLT, art. 787), exceto se tais documentos já se encontrarem nos autos ou acompanharem a contestação.

Se o juiz verificar que a petição inicial não atende aos requisitos legais, ou que apresenta defeitos ou irregularidades capazes de dificultar o julgamento do mérito, deverá, mediante despacho, fixar prazo para que o reconvinte a emende ou a complete, no prazo de quinze dias (CPC, art. 321, *caput*. Não cumprida a determinação, a petição será indeferida (*ibidem*, parágrafo único).

Questão interessante diz respeito a saber se o ato que indefere a petição inicial de reconvenção é recorrível, no processo do trabalho. Sabemos que, nos demais casos de indeferimento da inicial, a sentença trabalhista, assim como a civil, pode ser impugnada por meio de recurso. No tocante à petição inicial relativa à reconvenção, todavia, há uma particularidade fundamental, capaz de colocar em dúvida a doutrina quanto à possibilidade de esse ato ser recorrível. Na realidade, o problema tem sido examinado pela doutrina à luz do pressuposto de que o indeferimento da inicial da reconvenção se dá por meio de sentença.

Se entendermos que de sentença se trata e que é irrecorrível, teremos sérias dificuldades para explicar as razões pelas quais todas as outras, que extinguem o processo sem julgamento do mérito, são impugnáveis, ou seja, estaremos criando, de modo arbitrário, uma classe de sentença irrecorrível, quando essa restrição somente pode ser imposta por lei. Logo, quando menos para evitar o cometimento de lesão aos princípios e aos legítimos interesses da parte seria de admitirmos a possibilidade de interposição de recurso ordinário da sentença que indeferisse a petição inicial de reconvenção. Este concluimento, contudo, traria outros embaraços de ordem prática, que devem ser agora enfrentados.

Admitido o recurso, na espécie com a qual estamos a nos ocupar, de duas, uma: ou se atribuiria a ele, por exceção, o efeito suspensivo, ou não se lhe pespegaria esse efeito.

Se lhe fosse conferido efeito suspensivo, se estaria não só desrespeitando a lei (CLT, art. 899, *caput)* como estimulando o réu mal-intencionado a reconvir apenas com intuito protelatório; se não lhe atribuísse tal efeito, se estaria provocando graves transtornos no procedimento, pois devendo a reconvenção ser apreciada com a ação principal, pela mesma sentença, essa regra acabaria sendo desobedecida, porquanto a ação principal poderia vir a ser julgada antes da reconvenção, considerando-se o recurso interposto da sentença que indeferiu esta última.

A solução que, a princípio, poderíamos preconizar, dentre as apreciadas — e que, pelo aspecto *sui generis* da matéria, jamais poderia manter a desejável harmonia com os princípios e com o sistema — seria admitir-se o recurso ordinário, com efeito excepcionalmente suspensivo do trâmite processual. Em socorro a essa opinião, poderíamos acrescentar que a não se admitir a possibilidade de o reconvinte recorrer, isso poderia significar, em alguns casos, um veto fatal ao seu direito de deduzir uma pretensão (substancial) diante do autor, pois há uma acentuada tendência doutrinária e jurisprudencial de não se reconhecer ao réu (empregador) o exercício de ação autônoma para formular pedidos que impliquem a condenação do autor (trabalhador). Assim, se, p. ex., o réu desejasse receber do autor o aviso prévio, a que este estivesse obrigado a oferecer, negada a possibilidade de recurso da sentença que indeferisse a petição inicial de reconvenção e vedado o exercício de ação autônoma, para o fim mencionado, ao réu só caberia ver o seu direito espezinhado.

Todavia, optamos por uma outra solução, — esta sim, verdadeiramente heterodoxa, aos olhos do processo civil —, consistente em dar-se à reconvenção, no processo do trabalho, tratamento semelhante ao que é dispensado aos incidentes processuais, de tal sorte que o ato pelo qual se indeferiria a petição de reconvenção assumiria o caráter de decisão interlocutória, cujo efeito prático residiria na impossibilidade de ser impugnada por meio de recurso autônomo. Com isso, caberia ao reconvinte manifestar o seu "protesto" em audiência, ou na primeira vez em que tivesse de falar nos autos (CLT, art. 795, *caput*), a fim de poder, mais tarde, arguir a nulidade do processo, perante o tribunal.

Esta solução, conquanto possa produzir sobressaltos e inquietações no espírito dos estudiosos do processo civil, é a que, a nosso ver, melhor de harmoniza com os princípios e os objetivos do processo do trabalho; além disso, tem o mérito de atenuar as consequências perturbadoras desses princípios e objetivos, acarretadas pela infiltração da reconvenção nesse processo.

Com isso, procuramos, de um lado, desestimular o oferecimento de reconvenção procrastinatória, e, de outro, assegurar o direito de o reconvinte ver apreciado pelo tribunal o merecimento da decisão que indeferiu, *in limine*, a inicial da reconvenção — sem que o exame dessa decisão produza a suspensão do processo, conquanto possa eventualmente anulá-lo.

Nossa opinião de que a reconvenção deva ter, no processo do trabalho, o tratamento que é dado aos incidentes processuais não colide, como se possa imaginar, com a, também nossa, de que a reconvenção deve ser manifestada por petição elaborada com observância dos requisitos legais; o caráter de incidente processual, que procuramos atribuir à reconvenção, visou, tão somente, a encontrar uma solução para o problema da possibilidade de impugnação autônoma, ou não, do ato judicial que indefere a petição inicial.

Se fôssemos considerar a reconvenção como ação do réu, deveríamos cogitar da citação do autor, não de sua intimação. Contudo, o próprio legislador, sem deixar de reconhecer a natureza de ação da resposta reconvencional, preferiu o emprego do vocábulo **intimado** em virtude de as partes já estarem integradas a uma relação jurídica processual, decorrente da ação ajuizada pelo autor-reconvindo (CPC, art. 343, § 1º). O projeto primitivo do CPC fazia referência à citação (art. 320); no Senado, entretanto, recebeu emenda do Relator-Geral, que atribuiu ao dispositivo a redação que hoje apresenta, ao fundamento de que "pela definição legal de citação e mesmo pela natureza desta, ela é o ato pelo qual se chama a juízo o réu; ora, quando o réu reconvém, o reconvindo já está em juízo, já está na relação processual, razão por que é conveniente manter-se a terminologia vigente (art. 193 do CPC) falando-se em intimação e não em citação".

Sem discutirmos o acerto ou o desacerto dessa atitude do legislador, o fato é que a intimação nos deixa mais à vontade para sustentar o ponto de vista de que a reconvenção deve ser cuidada, no processo do trabalho, como um incidente, a ser resolvido por decisão de caráter interlocutório, que, por isso, é insuscetível de impugnação autônoma.

Como a reconvenção deve ser apresentada na mesma oportunidade da contestação, isso significa que, no processo do trabalho, ambas serão manifestadas em audiência. Antes disso, o juiz formulará a primeira proposta de conciliação (CLT, art. 846, *caput*). Por uma questão de ordem lógica, o juiz fará constar da ata, primeiro, a contestação, e depois a reconvenção. É sempre recomendável que faça registrar também o número de documentos que instruem uma e outra. Em seguida, intimará o autor para se pronunciar, no prazo que assinar, a respeito da contestação. Ato contínuo, o intimará para responder à reconvenção.

b) Resposta

Surge, aqui, a dúvida sobre qual o prazo para essa resposta a ser apresentada pelo reconvindo. No processo civil é de quinze dias (CPC, art. 343, § 1º); conquanto no processo do trabalho também se venha adotando idêntico prazo, pensamos que estaria em maior equilíbrio com o sistema se fosse assinado o prazo de cinco dias, a que se refere o art. 841, *caput*, parte final, da CLT, pois não deixa de ser ilógico e injusto atribuir-se ao réu o prazo (embora mínimo) de cinco dias para se defender (é nesse sentido que vem sendo interpretada a norma legal mencionada) e de quinze dias para o reconvindo se manifestar.

Seja de cinco ou de quinze dias esse prazo — ressaltando o nosso entendimento de que o primeiro seria o mais correto —, uma outra dúvida surge: a resposta do reconvindo deve ser apresentada em audiência ou na secretaria do juízo? Se nos deixássemos influenciar pelo princípio que informa o processo do trabalho não hesitaríamos em asseverar que a resposta à reconvenção deveria ser apresentada em audiência. Razões de ordem prática, entretanto, sugerem que essa manifestação ocorra na secretaria do juízo, onde será protocolada. A designação de audiência específica para que o reconvindo se pronunciasse sobre a reconvenção causaria enorme transtorno aos juízes, sabendo-se que as pautas das audiências trabalhistas, como é notório, se encontram congestionadas, sendo, portanto, extremamente difícil encontrar-se vaga para inserir a relativa à reconvenção. De outra parte, a designação de audiência para a finalidade que estamos a examinar, segundo a rigorosa ordem cronológica, poderia fazer com que ficasse para muito além do desejável, pois não se pode perder de vista que a ação e a reconvenção pertencem ao mesmo processo.

Nenhuma nulidade haverá se caso determinar que a resposta à reconvenção seja protocolada na secretaria do juízo; ao contrário, motivos de ordem prática recomendam que assim o seja. Mais uma vez, a supremacia é do princípio da instrumentalidade (CPC, art. 277), cuja excelência justifica, até mesmo, pôr-se de lado determinados princípios do processo do trabalho, que o tempo acabou colocando em descompasso com a realidade dos fatos da vida cotidiana do foro, exatamente porque já não atendem aos interesses dos trabalhadores.

A resposta à reconvenção deve observar as mesmas regras estabelecidas pelo CPC, quanto à contestação à ação, em especial as concernentes ao princípio da eventualidade ou da concentração (art. 336) e ao ônus da impugnação especificada dos fatos (art. 341), com as exceções contidas nos incisos deste último dispositivo.

c) Instrução

A despeito de a reconvenção ser ação do réu, que, por isso, não se confunde com a do autor, ambas se subordinam ao mesmo procedimento, inclusive, quanto à instrução.

Assim, as partes e as testemunhas, em seus depoimentos, dirão sobre os fatos da ação e da reconvenção, indistintamente, salvo se algum motivo particular justificar que, na ata, sejam identificadas as respostas por elas dadas, conforme se refiram à ação ou à reconvenção.

Merece comentário particular, todavia, a prova documental. Tanto a CLT (art. 787) quanto o CPC (art. 320) exigem que a petição inicial seja instruída com os documentos indispensáveis ao ajuizamento da ação. Por outro lado, o CPC impõe que também a contestação se faça acompanhada dos documentos destinados a provar os fatos aí alegados (art. 434). Essa determinação do CPC é aplicável ao processo do trabalho, em que pese à injustificada resistência daqueles que supõem que o princípio da simplicidade, que orienta esse processo, dispense as partes de qualquer disciplina probatória. Simplicidade, *data venia,* não é pretexto para tumultos ou fugas à ordem. Todas as normas legais até aqui indicadas, portanto, devem incidir, por inteiro, na reconvenção e na resposta que a ela se ofereça. Dessa forma, a inicial da reconvenção deve trazer os documentos em que se funda (CLT, art. 787), do mesmo modo como a contestação a ela deve ser instruída com os documentos atinentes aos fatos narrados pelo reconvindo (CPC, art. 434). A junção de documentos, para além desses momentos, só se justifica quando destinados a fazer prova de fatos ocorridos depois dos articulados ou para contrapô-los aos que forem afirmados pela parte contrária (CPC, art. 435). Fora disso, será estimular os litigantes à prática de atos tumultuários do procedimento e abrir ensejo para que os que, movidos pela má-fé, procuram converter o processo em instrumento de suas conveniências.

De resto, estando a reconvenção imbricada com a ação principal, a instrução daquela se funde com a desta, inclusivamente, quanto à prova pericial, às cartas precatórias, à inspeção judicial etc.

d) Razões finais e segunda proposta de conciliação

Encerrada a instrução, incumbirá ao juiz conceder a cada parte o prazo de dez minutos, para que aduzam razões finais (CLT, art. 850, *caput*). Deve ser abandonada a praxe, adotada por alguns juízos, de substituir as razões finais por memoriais escritos. No processo do trabalho, as razões finais devem anteceder à segunda proposta de conciliação; a praxe, a que nos referimos, subverte essa ordem ao permitir que ditas razões sejam oferecidas depois da proposta final de conciliação. O que se pode fazer é facultar a apresentação de memoriais, sem prejuízo das razões finais, que devem ser produzidas no momento previsto em lei.

Decorrido o prazo para as razões finais, sejam ou não aduzidas, o juiz formulará a segunda proposta de conciliação. Como já acentuamos, a conciliação, em concreto, assume as características de transação, assim entendido o negócio jurídico bilateral mediante o qual se põe fim ao processo com julgamento do mérito (CPC, art. 487, III, "b"). Esta expressão legal, se bem a analisarmos, fica muito a dever às exigências científicas a respeito do rigor vocabular. Quando as partes transigem, não há dúvida de que esse ato afeta o mérito da causa; dizer-se, contudo, como fez o legislador, que o processo se extinguirá com julgamento do mérito parece-nos ir-se além da medida, porquanto mesmo que se torne imprescindível para a validade jurídica desse negócio jurídico a sentença homologatória, o juízo, ao emiti-la, nada julga, nada acrescenta e nada retira, senão que dá o seu beneplácito a essa manifestação convergente da vontade das partes. Melhor será, pois, que se diga que, por força da transação e da sentença que a homologa, o processo se extingue com **exaustão** do mérito. Talvez atento a críticas como a que formulamos, o legislador alterou a redação do art. 487, *caput*, do CPC, para dispor que "Haverá **resolução** de mérito; [...]".

e) Desistência

Declara o art. 343, § 2º, do CPC, que a desistência da ação, ou a existência de qualquer causa que a extinga, não obsta o prosseguimento da reconvenção.

Essa dicção legal demonstra a autonomia das ações principal e reconvencional e dos processos que lhes correspondem. A unidade é, apenas, com relação ao procedimento.

Quanto à extinção do processo pertinente à ação principal, o tema não requer maiores explicações; a ponderar-se, contudo, a possibilidade de, em alguns casos, essa extinção provocar inevitável ressonância na própria reconvenção — particularidade que parece não haver sido considerada pelo legislador, ao redigir o art. 343, § 2º, do Estatuto Processual Civil. Digamos, *v. g.*, que o processo relativo à ação principal venha a ser extinto em decorrência da ilegitimidade *ad causam* de uma das partes: é óbvio que esse fato irá repercutir na reconvenção, pois essa ilegitimidade dirá respeito, *ipso facto*, ao reconvinte ou ao reconvindo, provocando, com isso, também a extinção do processo alusivo à ação reconvencional.

No que concerne à desistência da ação, havendo reconvenção, entretanto, o assunto requer uma nota explicativa. Como o réu é citado para ação, e posteriormente a isso apresenta contestação e reconvenção, resulta evidente que a possibilidade de o autor desistir da ação principal fica subordinada à concordância do réu-reconvinte. Vindo este a anuir com a desistência, o processo alusivo à ação principal será extinto (CPC, art. 485, VIII), cujo fato não impedirá o prosseguimento da reconvenção, configurando-se, assim, a hipótese de que cogita o art. 343, do CPC. Caso, porém, o réu não concorde com a precitada desistência, o processo terá curso, juntamente com o da reconvenção.

Para que a desistência da ação produza aos efeitos legais pretendidos, será indispensável a sua homologação por sentença (CPC, art. 200, parágrafo único). Isso equivale a afirmar que enquanto não houver homologação, o processo tramitará como se a desistência não tivesse sido manifestada. A não se considerar assim, as palavras da lei cairiam no vazio.

É elementar, por outro lado, que se não havia decorrido o prazo para a resposta do réu a desistência da ação independerá do assentimento deste (CPC, art. 485, § 4º), hipótese em que, mormente no processo do trabalho: a) a homologação do ato não poderá ser recusada pelo juízo; b) o réu não poderá oferecer reconvenção.

Acrescente-se que no regime litisconsorcial do tipo facultativo a desistência da ação é possível, atendidas as exigências legais. No litisconsórcio necessário, porém, a desistência de um dos compartes é inadmissível, precisamente porque, aqui, é imprescindível a integração de todos na relação jurídica processual.

f) Sentença

Serão julgadas pela mesma sentença a ação e a reconvenção. O CPC revogado possuía expressa disposição a esse respeito (art. 318), cuja regra foi, por certo, implicitamente recepcionada pelo Código atual. Há algo de vago, a esse respeito, na parte final da letra "a" do inciso III, do art. 487, do CPC.

Essa exigência de julgamento pela mesma sentença é perfeitamente compreensível, pois embora haja uma autonomia ontológica entre a ação principal e a reconvenção, ambas se subordinam a um só procedimento. Logo, incorrerá em *error in procedendo* o órgão jurisdicional que proferir duas sentenças: uma para a ação, outra para a reconvenção. É bem verdade que se isso ocorrer não haverá nulidade das sentenças, cuidando o juiz, todavia, de reuni-las o quanto antes, a fim de que, se for o caso, possam ser impugnadas por um só recurso e se submetam a uma só execução. Eventual separação das sentenças poderia fazer com que, em virtude do julgamento dos recursos, elas se tornassem antagônicas, criando, com isso, uma antinomia que reclamaria muito engenho e arte para ser desfeita.

Em torno da afirmação de que a sentença deva ser uma só devem ser feitas algumas observações. Em primeiro lugar, a própria cronologia do ingresso em juízo faz com que ação, em princípio, seja apreciada antes do que a reconvenção; situações excepcionais, contudo, exigirão que se altere essa ordem, como quando a matéria que dá conteúdo à reconvenção possa abarcar ou prejudicar a da ação principal. Em segundo, a reconvenção deve ser expressamente julgada, sendo, por isso, recomendável que se abandone a praxe, estabelecida em certos foros, de considerá-la implicitamente examinada em decorrência do que se decidiu no julgamento da ação principal. Afinal, são duas lides autônomas, que, em razão disso, requererem apreciações distintas, ainda que estas se contenham numa só sentença. Se a sentença julgar, apenas, a ação principal, essa omissão deverá ser sanada por meio de embargos declaratórios. Não sendo oferecidos esses embargos, ou se forem rejeitados, a sentença, transitando em julgado, ensejará o exercício da ação rescisória, pois o juízo, ao deixar de julgar a reconvenção, violou o art. 5º, inciso XXXV, da Constituição Federal, de tal modo que a rescisória estará calcada no inciso V, do art. 966, do CPC.

Na hipótese de o réu, ou mesmo o reconvindo, haver requerido, na contestação que apresentaram, a emissão de sentença declaratória incidental, para que a questão prejudicial, então suscitada, seja alcançada pelo fenômeno da coisa julgada material (CPC, art. 502), caberá ao juízo emitir essa declaração, na mesma sentença que apreciar a ação e a reconvenção.

Pode acontecer, no entanto, de a lide relativa à ação principal estar em condições de ser julgada antecipadamente, mas a da reconvenção, não. Digamos, *v. g.*, que a matéria da ação principal seja exclusivamente de direito, ao passo que a da reconvenção envolva fatos que devam ser provados. Como deverá proceder o juiz, diante disso: julgar, de forma antecipada a ação principal, e, mais tarde, a reconvenção, ou reservar-se para apreciar uma e outra na mesma sentença? Deverão ser julgadas na mesma sentença, sob pena de termos, na verdade, duas sentenças: a da ação e a da reconvenção. Na prática, verificando, o juiz, que na ação principal não haverá necessidade de produzir provas, declarará encerrada a instrução que a ela corresponde, permitindo, contudo, que as partes possam provar os fatos atinentes à reconvenção. Concluída a instrução desta, concederá prazo para as razões finais e formulará a segunda proposta de conciliação, após o que proferirá sentença em que julgará ambas as ações.

Nada impede, também, que, em outra situação, o julgamento seja convertido em diligência, a fim que se pratique algum ato, relativamente à ação principal ou à reconvenção, situação em que, mesmo assim, o juiz providenciará para que ambas sejam julgadas por sentença única.

Sob o aspecto estritamente formal, a sentença deverá atender aos requisitos previstos nos arts. 832, da CLT, e 489, *caput*, do CPC, vale dizer: a) o relatório, no qual o juiz mencionará o nome das partes, o resumo dos pedidos e das respostas e os principais fatos relacionados com a ação principal e com a reconvenção; b) a fundamentação, em que serão apreciados os fatos, à luz das provas e do direito e de outros princípios que possa o juiz invocar; c) o dispositivo, que refletirá o resultado da apreciação feita na motivação, quando o juiz condenará o autor ou o réu, o reconvinte ou o reconvindo, no todo ou em parte.

Quanto aos demais requisitos previstos nos §§ 1º e 2º, do art. 489, do CPC, serão examinados na oportunidade dos comentários a esse dispositivo legal. Para já, entretanto, os consideramos incompatíveis com o processo do trabalho. Será admissível, *mutatis mutandis*, a incidência do disposto no § 3º.

É recomendável que a sentença defina a forma de liquidação (cálculos, artigos, arbitramento), sendo, todavia, imprescindível a indicação do valor das custas devidas (CLT, art. 832, § 2º).

O CPC de 1973 não admitia a reconvenção no procedimento sumário (art. 278, § 1º), embora permitisse ao réu, **na contestação**, formular pedidos, em seu favor, desde que fundados nos mesmos fatos constantes da inicial. Tratava-se aí não de reconvenção (pois os pedidos do réu deveriam ser feitos **na contestação**) e sim de **ação dúplice**. Se, por exemplo, o autor alegasse que o contrato por prazo determinado (CLT, art. 445) fora rescindido pelo réu sem justa causa e, em razão disso, pedisse a condenação deste ao pagamento de indenização, na forma do art. 479, *caput*, da CLT, o réu, embora não pudesse reconvir, poderia formular, na contestação, **pedido contraposto**, com fulcro no art. 480, da CLT, ao argumento de que a ruptura do contrato havia sido de iniciativa do autor, sem justa causa, motivo porque este deveria ser condenado a ressarcir o réu pelos prejuízos que lhe foram acarretados.

Conquanto, sob o rigor técnico, esse pedido contraposto, formulado pelo réu, não configurasse reconvenção, o resultado prático era o mesmo, entre aquele e este.

> **§ 1.º** Como, no processo do trabalho, a contestação e a reconvenção são apresentadas em audiência, nessa mesma oportunidade o reconvindo será intimado para responder. Esse prazo, do referido processo, deveria ser de cinco dias, por simetria como art. 841, a CLT; todavia, tem-se adotado o mesmo prazo fixado pelo CPC: quinze dias. O reconvindo será intimado, na audiência, na pessoa do seu advogado, exceto se estiver postulando, pessoalmente, em juízo.

Está em harmonia com o princípio da simplicidade, que informa o processo do trabalho, o enunciado n. 45, do Fórum Permanente de Processualistas Civis (Salvador, 2013), conforme o qual "Para que se considere proposta a reconvenção, não há necessidade de uso desse *nomen iuris*, ou dedução de um capítulo próprio. Contudo, o réu deve manifestar inequivocamente o pedido de tutela jurisdicional qualitativa ou quantitativamente maior que a simples improcedência da demanda inicial. (Grupo: Litisconsórcio, Intervenção de Terceiros e Resposta do Réu).

> **§ 2º** Eventual desistência da ação, ou ocorrência de alguma causa que impossibilite o exame do mérito, não prejudica a reconvenção, motivo pelo qual o processo prosseguirá quanto a esta.

§ 3º Pode figurar no polo passivo da reconvenção não somente o autor, mas o terceiro. Poderá haver, contudo, um problema de ordem técnica se o terceiro for, por exemplo, um assistente. Realmente, como a reconvenção deve ser apresentada com a contestação, e como ao assistente é permitido intervir no processo enquanto a causa estiver pendente (art. 119, *caput*), pode ocorrer de a intervenção após o oferecimento da reconvenção — que, por motivo óbvio, não terá sido dirigida a ao terceiro. Nesse caso, caberá ao juiz indagar ao reconvinte se pretende, ou não, ver o assistente integrado à relação processual reconvencional. A consulta do magistrado ao reconvinte é necessária, porque este não é obrigado a direcionar a reconvenção também ao assistente, como demonstra o art. 343, § 3º Havendo resposta afirmativa, por parte do assistente, o juiz deverá intimá-lo para responder à reconvenção em quinze dias. Pensamos, todavia, que a inclusão do assistente na relação processual reconvencional somente será possível se não foi realizada a instrução oral do processo (depoimento das partes, inquirição de testemunhas). A não ser assim, a intervenção do assistente seria, manifestamente, tumultuária do procedimento, pois este poderia querer produzir provas dessa natureza depois de realizada a instrução alusiva à ação.

§ 4º Assim como o terceiro pode figurar no polo passivo da relação processual reconvencional (§ 3º), também pode figurar no polo ativo dessa relação. Nada obsta, pois, a que o réu estabeleça um regime litisconsorcial com o assistente, a fim de deduzirem pretensões reconvencionais em face do reconvindo.

§ 5º Caso o autor seja substituto processual, o reconvinte deverá declarar ser titular de direito (material) perante o substituído, e a reconvenção deve ser exercida em face do autor, também na qualidade de substituto processual. Aparentemente, a disposição legal foi inserida no sistema para resolver o problema criado pela redação do art. 315, parágrafo único, do CPC anterior, que vedava a possibilidade de o réu, em nome próprio, reconvir ao autor quando este demandasse em nome de outrem (substituído). No sistema revogado, portanto, não era admissível a reconvenção quando o autor estivesse atuando como substituto processual. No CPC atual, permite-se a reconvenção, desde que o reconvinte afirme ser titular de direito diante do substituído. O autor terá, pois, dupla qualidade de substituto: na ação e na reconvenção. Não se trata, aqui, de faculdade do reconvinte, mas de exigência da lei, como evidencia o verbo *dever*, utilizado na redação do § 5º do art. 343.

§ 6º Ao réu será lícito reconvir sem contestar: é o que está no texto legal. Coloquemos, entrementes, um grão de sal na questão.

Este tema, por sua complexidade, merece análise detida. Digamos que o empregado tenha ingressado em juízo, alegando haver sido despedido sem justa causa, postulando, em consequência, a condenação do réu ao pagamento do aviso prévio. O réu, todavia, sem impugnar esses fatos e o pedido correspondente, apresenta reconvenção, na qual alega que o autor se demitiu sem justa causa, motivo por que deseja receber, dele, o aviso prévio, o que está na base dessa questão **é saber se o réu que não impugnou tais fatos pode reconvir.**

Separemos as situações. Se o réu não contesta, é revel, e, em razão disso, verificado o efeito da revelia, o juiz reputará verdadeiros os fatos narrados pelo autor. Incide, aqui, o art. 344, do CPC. Vejamos agora se a mesma solução deve ser adotada no caso de o réu não impugnar determinado fato alegado pelo autor, embora tenha apresentado defesa (omissa quanto ao referido fato, insistamos). É provável que alguém viesse a argumentar que, nesta hipótese, ele poderia reconvir, pois não é revel. E prosseguiria, por suposto: se, na reconvenção, o réu vier a alegar fatos que se contraponham aos narrados pelo autor, a circunstância de não haver impugnado o fato posto pelo adversário na petição inicial não autorizará o juiz a considerá-los verdadeiros. E concluiria dizendo que o próprio art. 341, III, do CPC, declara que os fatos expostos na inicial não serão reputados verdadeiros (diante da falta de impugnação pelo réu) "**se estiverem em contradição com a defesa, considerada em seu conjunto**' (destacamos). Tal argumento, porém, ainda que sedutor, estaria comprometido por um paralogismo indisfarçável.

Realmente, quando o art. 341, III, do CPC, afirma que não serão presumidos verdadeiros os fatos alegados na inicial sempre que estiverem em antagonismo com a defesa, está, evidentemente, a usar o vocábulo **defesa** como sinônimo de **contestação**. Dessa forma, ainda que o réu não haja impugnado de maneira expressa tais fatos, a particularidade de eles estarem em contradição com o conjunto da defesa, formado não somente pelos argumentos ou alegações capazes de afastar as expendidas pelo autor, mas também por documentos que instruam a contestação, faz com que a presunção de veracidade não se estabeleça, permanecendo com o autor, conseguintemente, o ônus de provar a veracidade dos fatos narrados. Reconvenção, todavia, nem mesmo por antonomásia guarda sinonímia com **defesa**. Segue-se, que se o réu não impugnar os fatos constantes da inicial, estes poderão ser considerados verdadeiros mesmo que ele venha a oferecer reconvenção, na qual alegue fatos que se contraponham aos descritos pelo autor. Ora, no momento em que o réu, devendo impugnar, na contestação, os fatos mencionados pelo autor, não o faz, o seu silêncio gera a "presunção" de que ditos fatos são verdadeiros; ou melhor: faz com que esses fatos se tornem incontroversos, de tal maneira que não só dispensam qualquer atividade probatória (CPC, art. 374, II), como impedem a apreciação dos fatos que o reconvinte vier a contrapor. Persistindo: como a reconvenção é apresentada **posteriormente** à contestação (ainda que na mesma peça) e como, na contestação, o réu **não impugnou** os fatos alegados na petição inicial, a sua tentativa de refutá-los na reconvenção encontra obstáculo na preclusão que fez descer sobre esses fatos a cortina da indiscutibilidade.

# CAPÍTULO IV

# PRODUÇÃO DE PROVAS

## 1. Ônus da prova

A preocupação doutrinária em estabelecer um critério justo e preciso para a partição do ônus da prova entre os litigantes remonta a épocas priscas.

Na antiguidade, Aulus Gellius (*"Noctes Atticae"*, Livro XIV, Cap. 488), inspirando-se no filósofo Favorinus (que, por sua vez, se baseava nos ensinamentos de Catão), afirmava que se as provas produzidas não fossem convincentes dever-se-ia decidir a favor da parte mais proba; na hipótese de ambas possuírem a mesma reputação, a decisão deveria propender em benefício do réu.

Foi no Direito Romano que se enunciou a regra *"semper onus probandi ei incumbit qui dicit"*, também expressa sob a forma *"semper necessitus probandi incumbit illi qui agit"* (o ônus da prova incumbe a quem diz ou age). Assim se entendia porque quem por primeiro ingressava em juízo era o autor; consequentemente, como era ele quem afirmava, o encargo da prova lhe era atribuído (*"actori incumbit onus probandi"*). Segundo esse princípio, o ônus da prova não se transferia ao réu mesmo que este negasse os fatos alegados pelo autor (*"ei incumbit probatio qui dicit, non negat"*: Paulus, Digesto, Livro XXII, Tít. III, *"De probationibus et praesumptionibus"*, frag. n. 2).

Essa construção doutrinária, todavia, era imperfeita porque, em determinados casos, a alegação feita pelo réu continha um fato capaz de modificar, impedir ou extinguir o direito do autor. Reconheceu-se, então, que a resposta daquele, muitas vezes, poderia trazer também uma afirmação; sendo assim, passou-se a cometer ao réu o encargo da prova sempre que expendesse alegações dessa natureza, erigindo-se, a partir daí, a regra *"reus in excipiendo fit actor"*, que Ulpiano (Digesto, Livro XLIV, Tít. I: *"De exceptionibus"*, frag. n. I) enunciou como *"reus in exceptione actor est"*.

Esclareça-se que a *exceptione* referida nos textos de Ulpiano correspondia à atual defesa.

Mais tarde, os glosadores, manuseando os textos romanos e apoiados em Paulo (Digesto, Livro XXII, Tít. III, frag. n. 2), elaboraram um sistema de distribuição da carga probatória assentado em dois pontos fundamentais: "*afirmanti non neganti incumbit probatio*" e "*negativa non sunt probanda*". A contar desse momento, empenhou-se a doutrina, equivocadamente, em colocar em relevo — quando da elaboração de critérios relativos à distribuição desse ônus — a circunstância de a prova ser positiva ou negativa, sustentando ser impossível a segunda. Essa atitude pode ser apontada como a grande característica do Direito medieval, que se infiltrou em parte no Direito português antigo e acabou por repercutir no próprio Código de Processo Civil brasileiro de 1939, cujo art. 209, § 1º, estatuía: "Se o réu, na contestação, negar o fato alegado pelo autor, a este incumbirá o ônus da prova".

A assertiva, outrora vogante, de que o fato negativo não poderia ser objeto de prova, era, como princípio, inexata, pois é sabido que em algumas hipóteses uma negativa traz, implícita, uma afirmativa: se se diz, v.g., que algo não é alto, de certa maneira se está dizendo que é baixo. O princípio de que a negativa não se prova só pode ser admitido quando se tratar de negativa indefinida, precisamente, porque aí a impraticabilidade da prova reside não no elemento negativo, e, sim, na indefinição do conteúdo da alegação.

Acertadamente, a doutrina moderna passou a extrair outra interpretação dos textos romanos — mais consentânea com as novas tendências —, concluindo por estabelecer que o encargo da prova deveria ser atribuído ao autor. Essa regra não era, contudo, absoluta, pois ao réu se cometia tal ônus toda vez que, além de negar a situação jurídica narrada pelo autor, a ele opusesse uma outra, contrária, visto que "*reus in exceptione actore est*", como afirmava Ulpiano. Foi sob essa nova orientação que se elaborou a teoria clássica do encargo da prova, de acordo com a qual "incumbe o ônus da prova àquele das partes que alega a existência ou inexistência de um fato do qual pretenda induzir uma relação de direito"[(1)].

Dentre os autores que contribuíram para a edificação dessa doutrina, se encontram Lessona, Mattirolo, Ricci, Garsonnet et Bru e João Monteiro, conquanto, ao longo dos anos, novas correntes de pensamento se tenham formado como resultado inevitável da inteligência idiossincrática dos textos romanos, como, p. ex., a liderada por Bentham, Webber, Hollweg, Fitting, Gianturco e Demogue — apenas para nomear alguns.

Bentham, a seu turno, entendia que a questão relacionada com o onus probandi deveria ficar reservada ao exame de cada caso concreto, quer dizer, provaria a parte a quem fosse mais fácil e menos dispendioso o atendimento a esse encargo processual; Ben-thmam-Hollweg por outro lado, entendiam que o ônus da prova incumbiria sempre ao réu, cujo pensamento se estribava no Direito germânico, conforme o qual, o autor, não litigava em tutela ao seu direito, mas, sim, para

(1) SANTOS, Moacyr Amaral. *Primeiras linhas*. p. 305.

fazer cessar a injustiça proveniente de atos da parte adversa. De igual teor o pensamento de Heinrich Beckh ("Die Beweislast").

Declareuil, de maneira algo peculiar, verberava que todas as teorias concebidas a respeito do tema eram imaginosas, destituídas de fundamentos históricos e destrutíveis pela lógica; daí por que, a seu ver, o princípio assente de que a prova compete sempre ao réu é falso, quer se considere a prova um encargo ou um favor; via de consequência, para esse jurista a prova incumbe àquele que é fraco. Comumente, o mais fraco é o que é acusado pelo mais forte, embora em alguns casos possa ocorrer o inverso; diante disso, sendo mais forte o acusador, este — mesmo sendo réu — constrangerá o adversário a provar[(2)].

Para Bar e Laband o ônus da prova não deveria ser fixado em leis, mas imposto pelo juiz ao demandante que oferecesse melhores argumentos ou parecesse, à primeira vista, estar com a razão; esse sistema, como se pode constatar, caracterizava-se por uma forte dose de arbítrio do magistrado, que, em determinadas situações, tinha mesmo de prejulgar para injungir o encargo da prova à parte que lhe parecesse estar com a razão[(3)].

Em Unger, o *onus probandi* não deveria ser atribuído, por princípio, a nenhum dos litigantes, porquanto, partindo-se do pressuposto da igualdade entre eles, venceria quem houvesse produzido a melhor prova[(4)].

João Monteiro proclamava que o encargo probatório recaía sobre a parte que alegasse certos fatos em juízo, para deles deduzir algum direito ou pretensão, embora aceitasse as regras ditadas por Carlo Lessana, no sentido de que: a) o ônus não é estabelecido segundo a qualidade do fato probando, mas, sim, em consonância com a qualidade jurídica que, na ação, ostenta aquele que o invoca; b) ao autor cabe provar o fundamento da ação, assim como ao réu incumbe o da defesa[(5)].

Podemos assegurar, todavia, que ressalvadas algumas dissenções doutrinárias de pequena monta a moderna doutrina da participação do ônus subjetivo da prova se concentra em Chiovenda, que atribui ao autor o encargo de comprovar os fatos constitutivos do seu direito e ao réu, os fatos capazes de modificar, impedir ou extinguir o direito daquele. São do notável jurista italiano estas palavras: "o ônus de afirmar e provar se reparte entre os litigantes, no sentido de que é deixado à iniciativa de cada um deles provar os fatos que deseja sejam considerados pelo juiz, isto é, os fatos que tenham interesse sejam por este tidos como verdadeiros"[(6)].

---

(2) CIRIGLIANO, Raphael. Prova Civil. 2. ed. São Paulo: Revista dos Tribunais, 1981. p. 38.

(3) *Idem, ibidem.*

(4) BATALHA, Campos. *Tratado de direito judiciário do trabalho*. São Paulo: LTr, 1977. p. 489.

(5) Idem, p. 490.

(6) SANTOS, Moacyr Amaral. op. cit., p. 306.

Para Chiovenda, os fatos constitutivos são os que dão vida a uma vontade concreta da lei e à expectativa de um bem por parte de determinada pessoa; os extintivos são, opostamente, os que fazem cessar a vontade concreta da lei e a consequente expectativa de um bem; os impeditivos se relacionam com a falta de uma dessas circunstâncias que devem concorrer com os fatos constitutivos a fim de que estes produzam os efeitos que lhes são inerentes e normais.

Perfilhando o entendimento de Chiovenda, de quem fora discípulo, Enrico Tullio Liebman assevera que "*L'attore deve provare i fatti costitutivi, che sono il fondamento della sua domanda; tocca poi al convenuto provare i fatti impeditivi, estintivi o modificativi che possono giustificare il rigetto della domanda dell'attore*"[7], destacando ainda que a posição do réu ("concenuto") é muito cômoda, porquanto "*non sorge a suo carico nessun onere, finchè l'attore non abbia provato il fatto costitutivi ('actore non probante, reus absolvitur'); soltanto se il fatto costitutivi sia provato, soergerà per lui la necessità di contrapporgli un'eccezione e di provare i fatti impeditivi, estintivi o modificativi su cui si fonda ('reus in excipiendo fit actor'*)[8].

Carnelutti classificou os fatos a respeito dos quais se deveriam estabelecer as regras do *onus probandi* em constitutivos, extintivos, convalidativos e invalidativos (impeditivos). Esse grande pensador, na verdade, realizou uma diferenciação básica entre fatos principais e fatos secundários, havendo introduzido na primeira categoria os constitutivos e os extintivos (que são antitéticos) e na segunda os impeditivos e os modificativos. Dita classificação, porém, não satisfez a Carnelutti, para quem a solução deveria ser buscada no estudo da relação entre a situação inicial e a situação jurídica final, dado que entre ambas pode existir uma relação de compatibilidade ou de incompatibilidade; sendo assim, o efeito jurídico do fato está em permitir que a situação jurídica inicial seja mantida, ou seja eliminada. Segue-se, que o fato extintivo é na realidade um fato constitutivo, relativamente à nova situação jurídica criada pelo réu, a despeito de a sua eficácia extintiva referir-se à situação jurídica inicial, a que deu causa o autor.

Nem sempre, entretanto, a nova situação jurídica exclui a anterior, limitando-se a retirar-lhe ou a acrescentar-lhe alguma coisa, do mesmo modo como pode acontecer de ambas as situações serem autônomas ou complementares. Ciente disso, Carnelutti conclui que o fato impeditivo (por ele também denominado de invalidativo) constitui a espécie negativa do fato complementar, cuja espécie positiva seria o fato convalidativo.

Segundo Porras López, a doutrina moderna concernente ao ônus da prova pode ser condensada nestes princípios: "a) *La carga de la prueba es una obligación*[9],

---

(7) <nome do autor> *Sistema di Diritto Processuale Civile*. Padova: Cedam, 1936.

(8) *Idem, ibidem.*

(9) <nome do autor>. *Derecho Procesal del Trabajo*. Puebla: Cajica, <ano>. p. 251.

*un derecho y un deber*[10]*, en la ciencia procesal moderna; b) Debe provar, el que esté en aptitud de hacerlo, independientemente de que sea el actor o el demandado*[11]*; c) Para la distribución de la carga de la prueba debe atenderse no tanto a la situación de los contendientes, sino a la finalidad del proceso, ya que quien ofrezca mejores pruebas, obtendrá una sentencia favorable; d) Las pruebas se dirigen al juez, a fin de que éste resuelva los juicios 'secundum allegata et probata'*[12]".

No plano do direito processual civil brasileiro, a investigação a propósito das teorias pertinentes à distribuição do ônus da prova perde o interesse prático, uma vez que o Código, confessadamente, adotou a que atribui ao autor o encargo de provar os fatos constitutivos do seu direito e ao réu os fatos modificativos, impeditivos ou extintivos desse direito (art. 373, I e II). Esse critério já havia sido perfilhado pelo CPC de 1973 (art. 333, I e II), que consagrou a doutrina de Chiovenda, no que tange à partição, entre os litigantes, da carga probatória.

O importante a se deixar assinalado, à guisa de advertência, é que a regra inscrita no art. 373 do CPC vigente não deve incidir, em caráter supletivo, no processo do trabalho, na medida em que a CLT não é omissa acerca do assunto: bem ou mal, há nela, a disciplinar o problema do *onus probandi,* o art. 818. Desatentos a isso, muitos intérpretes têm invocado o mencionado preceito do processo civil para aplicá-lo ao do trabalho. Como diria Hamlet, isso configura um daqueles hábitos cuja quebra honra mais do que a observância. Em obra específica sobre a prova, pudemos expor os motivos de nossa divergência em relação àqueles que, deixando-se impressionar pela dicção didática do art. 373 do CPC, acabam por violentar o art. 769, da CLT[13].

Considerando a possibilidade de esta nossa opinião não vir a ser aceita pela maioria doutrinária e jurisprudencial, só nos resta dizer que o processo do trabalho deverá colocar em prática, o quanto possível, a regra inscrita no § 1º do art. 373, do CPC, assim redigida:

> "§ 1º Nos casos previstos em lei ou diante de peculiaridades da causa relacionadas à impossibilidade ou à excessiva dificuldade de cumprir o encargo nos termos do *caput* ou à maior facilidade de obtenção da prova do fato contrário, poderá o juiz atribuir o ônus da prova de modo diverso, desde que o faça por decisão fundamentada, caso em que deverá dar à parte a oportunidade de se desincumbir do ônus que lhe foi atribuído".

---

(10) Em rigor, inexiste uma obrigação legal de provar; o que há, somente, é um ônus. Quando a parte deixa de desincumbir-se desse ônus não se pode falar em sanção, e, sim, em meras consequências, como, e.g., a inadmissibilidade do fato alegado.

(11) V. nota supra.

(12) Princípio que deve incidir, a fundo, no processo do trabalho.

(13) <nome do autor>. *A prova no processo do trabalho.* 5. ed. São Paulo: LTr, 1989. ps. 79/85.

## 2. A produção de provas na ação rescisória

É elementar que, *mutatis mutandis*, o *onus probandi* também está presente na ação rescisória. No que toca ao autor, p. ex., é indispensável que junte à inicial prova (documental) do trânsito em julgado da sentença rescindenda, sob pena de indeferimento liminar daquela peça, caso o despacho do relator, mandando suprir a falta, não seja atendido. É o que consta da Súmula n. 299, do TST:

> "AÇÃO RESCISÓRIA. DECISÃO RESCINDENDA. TRÂNSITO EM JULGADO. COMPROVAÇÃO. EFEITOS (nova redação do item II em decorrência do CPC de 2015) - Res. 211/2016, DEJT divulgado em 24, 25 e 26.08.2016. I - É indispensável ao processamento da ação rescisória a prova do trânsito em julgado da decisão rescindenda. (ex-Súmula n. 299 – Res. 8/1989, DJ 14, 18 e 19.04.1989). II - Verificando o relator que a parte interessada não juntou à inicial o documento comprobatório, abrirá prazo de 15 (quinze) dias para que o faça (art. 321 do CPC de 2015), sob pena de indeferimento.(ex-Súmula n. 299 - Res 8/1989, DJ 14, 18 e 19.04.1989). III - A comprovação do trânsito em julgado da decisão rescindenda é pressuposto processual indispensável ao tempo do ajuizamento da ação rescisória. Eventual trânsito em julgado posterior ao ajuizamento da ação rescisória não reabilita a ação proposta, na medida em que o ordenamento jurídico não contempla a ação rescisória preventiva. (ex-OJ n. 106 da SBDI-2 - DJ 29.04.2003). IV - O pretenso vício de intimação, posterior à decisão que se pretende rescindir, se efetivamente ocorrido, não permite a formação da coisa julgada material. Assim, a ação rescisória deve ser julgada extinta, sem julgamento do mérito, por carência de ação, por inexistir decisão transitada em julgado a ser rescindida. (ex-OJ n. 96 da SBDI-2 - inserida em 27.09.2002)".

De modo geral, sempre que os fatos narrados pelas partes dependerem de prova, o relator delegará a competência ao juízo de primeiro grau perante o qual deva ser produzida, fixando-lhe prazo que variará de quarenta e cinco a noventa dias para a devolução dos autos (CPC, art. 972)[14].

Essa delegação de competência não pode, contudo, dizer respeito à prova documental, porquanto esta, como expressa o art. 434 do CPC, deve ser produzida pelo autor, na inicial, e pelo réu, quando da formulação de sua resposta. Nem é despiciendo insistir em que mesmo deixando o réu de oferecer resposta, a sua revelia não conduzirá, necessariamente, à ficta confessio (CLT, art. 844, caput; CPC, art. 344), em virtude da coisa julgada material. Daí decorre que o relator poderá determinar que o autor produza a prova indispensável à demonstração dos fatos alegados na peça inaugural. No mesmo sentido, a Súmula n. 398, do TST:

> "AÇÃO RESCISÓRIA. AUSÊNCIA DE DEFESA. INAPLICÁVEIS OS EFEITOS DA REVELIA (conversão da Orientação Jurisprudencial nº 126 da SBDI-2) - Res. 137/2005, DJ 22,

---

(14) Dispunha o CPC de 1939: "Se os fatos em que se fundar a petição inicial, ou a contestação, dependerem de prova testemunhal ou de exames periciais, o relator delegará a competência para dirigir as provas ao juiz de direito do termo ou comarca onde residirem as testemunhas ou onde se encontrar a coisa, objeto do exame, devendo o processo ser devolvido no prazo marcado, salvo caso de força maior" (art. 801, § 3º).

23 e 24.08.2005. Na ação rescisória, o que se ataca na ação é a sentença, ato oficial do Estado, acobertado pelo manto da coisa julgada. Assim sendo, e considerando que a coisa julgada envolve questão de ordem pública, a revelia não produz confissão na ação rescisória. (ex-OJ n. 126 da SBDI-2 - DJ 09.12.2003)".

O *thema probandum* não está circunscrito ao *iudicium rescindens*, alcançando, por igual, o *rescissorium*, desde que haja necessidade da atuação deste.

Ainda sobre a delegação de competência, a que se refere o art. 972 do CPC, devemos dizer que ela se destina, estritamente, à realização dos atos instrutórios do procedimento, não sendo lícito ao juízo delegado, usurpando a competência do tribunal, proferir julgamento quanto à rescisória. É certo, porém, que no exercício desses poderes que lhe foram delegados o juízo de primeiro grau terá, em muitos casos, de resolver determinadas questões ou incidentes que se lhe antolharem, como os pertinentes à contradita de testemunhas, à escusa ou recusa do perito e à impugnação do laudo etc. No sistema do processo do trabalho, tais resoluções do juízo não são impugnáveis por agravo de instrumento, ao contrário, portanto, do que se dá no plano do processo civil, embora seja admissível, em algumas situações, o mandado de segurança e, até mesmo, a correição parcial.

Caso o relator entenda que a instrução efetuada pelo juízo delegado tenha sido insuficiente, poderá fazer retornar os autos a este, a fim de que colete outras provas ou repita, com maior profundidade, as anteriormente produzidas.

De qualquer modo, a delegação de competência ao órgão de primeiro grau deve ser feita mediante carta de ordem, a ser extraída com observância dos requisitos previstos no art. 260 do CPC e para as quais serão trasladadas as peças indispensáveis para o cumprimento da determinação. Os autos da ação rescisória permanecerão no tribunal, sendo a eles juntada a carta de ordem, depois de cumprida.

Estabelece o art. 261, do CPC, que "Em todas as cartas o juiz fixará o prazo para cumprimento, atendendo à facilidade das comunicações e à natureza da diligência". Essa norma legal não vendo sendo respeitada no caso de precatória, provavelmente, porque o juízo deprecante se sinta algo constrangido em fixar prazo para que o deprecado cumpra a carta, considerando-se que se trata de dois juízos do mesmo grau. Quanto à carta de ordem, entretanto, não se justifica esse suposto constrangimento, porquanto, aqui, a relação que se estabelece entre os juízos não é horizontalmente linear, e, sim, verticalmente hierárquica. A expressão "carta de ordem", aliás, é extremamente elucidativa. O prazo para o seu cumprimento variará de um a três meses, conforme tenha sido fixado pelo relator (CPC, art. 972). Em rigor, esse prazo não é para o cumprimento da carta, e, sim, para a sua **devolução**, devidamente cumprida.

Nada obsta a que, havendo condições, a prova seja produzida no próprio tribunal, como se dá em algumas Regiões, onde se dotaram os órgãos de segundo grau de serviços de perícias grafotécnicas.

Colhida a prova, exaure-se a função do juízo delegado, de primeiro grau. Sendo assim, não lhe caberá formular, depois disso, propostas conciliatórias (em regra inexigíveis na ação rescisória) ou abrir oportunidade para que as partes aduzam razões finais (estas admissíveis): fazê-lo seria, no primeiro caso, inovar arbitrariamente o procedimento; no segundo, usurpar a competência do relator.

# CAPÍTULO V

# RAZÕES FINAIS

Comentário

Estabelece o art. 973 do CPC que "Concluída a instrução, será aberta vista ao autor e ao réu para razões finais, sucessivamente, pelo prazo de 10 (dez) dias".

Nas Varas do Trabalho, as razões finais são aduzidas oralmente, dispondo, cada parte, de dez minutos para isso (CLT, art. 850, *caput*, primeira parte). Em se tratando de ação rescisória, todavia, como a competência originária é dos tribunais, essas razões são apresentadas por escrito, mesmo no processo do trabalho.

No geral, as razões finais têm sido utilizadas pelas partes com a finalidade de reiterarem os argumentos expendidos na inicial e na contestação, ou em outras petições que hajam apresentado; havendo, todavia, o relator ou o juízo delegado praticado determinado ato que possa configurar uma restrição ao direito de defesa da parte, deverá o interessado arguir, nas razões finais, a nulidade do processo, sob pena de preclusão temporal. Rege a espécie o princípio doutrinário da convalidação, corporificado nos arts. 795, *caput*, da CLT, e 277, do CPC. Segue-se, que se a causa nulificante do processo não foi denunciada nessa oportunidade do procedimento, não mais poderá a parte argui-la em grau de recurso.

O prazo para a prestação de razões finais é sucessivo, como esclarece a norma legal, iniciando-se pelo autor; havendo litisconsórcio e possuindo os seus integrantes advogados distintos, ser-lhes-á contado em dobro o prazo para aduzirem referidas razões (CPC, art. 191). Não concordamos com a OJ n. 310, da SDI-I, do TST, segundo a qual a norma do art. 229, do CPC, é incompatível com a celeridade do processo do trabalho. O argumento dessa Orientação funda-se no princípio da celeridade, que informa o referido processo. *Data venia*, levando-se em conta o tempo médio da tramitação de um processo de ação rescisória, soa a hipocrisia alegar-se que a simples duplicação do prazo de dez dias, para o oferecimento de razões finais, conspiraria contra o princípio da celeridade. O que se deve colocar à frente, na análise desse tema, é a necessidade de o prazo ser dúplice, sob pena de grave transgressão à garantia constitucional da ampla defesa, porquanto, possuindo os litisconsortes advogados diversos, de escriotórios de advocacia distintos, terão dificuldade de elaborar as razões finais no decêndio, considerando-se que, em muitos casos, será difícil, por inúmeros motivos, proceder-se à divisão do prazo (simples) entre eles. Ademais, o litisconsórcio, quando passivo, é estabelecido por iniciativa do autor, não sendo, no mínimo, justo, que os réus sofram restrições em seus direitos por ato praticado pelo adversário. Cumpre-nos advertir, enfim, que embora o princípio da celeridade seja essencial ao processo do trabalho, ele não pode ser sobreposto a determinadas garantias constitucionais do processo, como, em especial, a da ampla defesa.

Diz o art. 973 do CPC, como vimos, que concluída a instrução será aberto o prazo de dez dias, para as razões finais; diante disso, é inevitável indagar: nos casos em que não houver instrução, ditas razões são dispensáveis? Certamente que não. A referência legal ao encerramento da instrução teve em mira, exclusivamente, fixar o instante em que, no procedimento, as razões finais deveriam ser apresentadas. Inexiste qualquer relação de causa e efeito entre a fase de instrução e essas razões. Seria até mesmo irônico pensar que se a parte pretendesse produzir provas em audiência e nisso fosse impedida pelo juiz (relator ou delegado), vedada estaria a possibilidade de oferecer razões finais, porquanto teria inexistido instrução... Razões finais destinadas, exatamente, a arguir a nulidade do processo, em virtude daquele ato judicial...

Conforme seja a nulidade alegada nas razões finais, poderá o relator fazer incidir o princípio doutrinal da proteção, mandando suprir a falta ou repetir o ato, contanto que a nulidade não tenha sido arguida por quem lhe deu causa (CLT, art. 796, "a" e "b"; CPC, arts. 276 e 282, § 1º).

Estatui, ainda, o art. 973, parágrafo único, do atual diploma processual civil que, decorrido o prazo das razões finais (com ou sem elas), os autos deverão ser remetidos ao relator, para submeter o feito a julgamento pelo Tribunal. Cabe aqui, porém, um reparo: antes da remessa dos autos ao relator, torna-se indispensável a manifestação do órgão do Ministério Público, como fiscal da lei, na medida em que há o interesse público vinculado à coisa julgada, que se visa a desconstituir pela via rescisória (CPC, art. 178). Tem-se reconhecido ao Ministério Público o direito de exarar parecer, mesmo nos casos em que atua como parte. Esclareça-se, todavia, que o parecer do *Parquet* não é vinculativo do órgão jurisdicional: "[...]. O parecer do Ministério Público é meramente opinativo, não vinculando a decisão devidamente fundamentada do relator. [...]."*(Ac. de 19.12.2013 no AgR-REspe nº 85554, rel. Min. Dias Toffoli; em igual sentido, o Ac. de 16.8.2007 no ARESPE n. 26454, rel. Min. Gerardo Grossi; o Ac. de 8.3.2007 no AAG n. 6225, rel. Min. Cesar Asfor Rocha; e o Ac. n. 5476, de 10.3.2005, rel. Min. Peçanha Martins.)*

Na sistemática do processo civil, devolvidos os autos pelo relator, a secretaria do tribunal expedirá cópias autenticadas do relatório e as distribuirá entre os juízes que compuserem o órgão competente para o julgamento (CPC, art. 971, *caput*), após o que os autos serão apresentados ao presidente, que designará dia para o julgamento, ordenando a publicação da pauta no diário oficial (CPC, art. 934).

# CAPÍTULO VI

# ACÓRDÃO RESCISÓRIO

Comentário

Após a apresentação da defesa, da produção das provas, das razões finais, do parecer do Ministério Público, chega o momento de ser proferido o acórdão, na ação rescisória.

O art. 489, do CPC, indica como elementos essenciais da sentença: I — o relatório, que conterá os nomes das partes, a identificação do caso, com a suma do pedido e da contestação, e o registro das principais ocorrências havidas no andamento do processo; II — os fundamentos, em que o juiz analisará as questões de fato e de direito; III — o dispositivo, em que o juiz resolverá as questões principais que as partes lhe submeterem.

Esses requisitos constam do art. 832 da CLT que, em linguagem menos técnica, exige que a decisão contenha o nome das partes, o resumo do pedido e da defesa (relatório), a apreciação das provas e os fundamentos da decisão (motivação) e a conclusão (dispositivo).

Como o julgamento das ações rescisórias é da competência originária dos tribunais, isso significa que esse ato se traduz em acórdão (CPC, art. 204).

## 2. Requisitos

Os requisitos legais para a validade formal do acórdão são os mesmos exigidos com relação à sentença, pelo art. 489, do CPC. Façamos uma breve análise desses requisitos.

a) Relatório

Relatar significa, lexicamente, narrar, descrever determinados acontecimentos. Daí, o substantivo **relatório** que, na terminologia jurídica, traduz a primeira parte da estrutura das sentenças e dos acórdãos, na qual deverá o juiz fazer um resumo dos principais sucessos do processo, aí incluídos não apenas os fatos alegados pelas partes, os argumentos jurídicos apresentadas, as provas produzidas, as razões finais, o parecer do Ministério Público, mas, os eventuais incidentes verificados, tomado aqui o vocábulo incidentes em sentido amplo.

O motivo pelo qual os textos processuais exigem que a sentença e o acórdão contenham um relatório não é de ordem, apenas, jurídica, senão que política, pois é por meio desse resumo dos mais expressivos acontecimentos do processo que o tribunal demonstrará às partes que compulsou, minuciosamente, os autos, antes de proferir a decisão; que proferiu, enfim, o acórdão, com pleno conhecimento dos fatos principais da causa. Na vigência do CPC de 1939, a doutrina do período vinha entendendo que a falta do relatório não fazia nula a sentença, ao argumento de que isso não acarretava nenhum prejuízo às partes. Essa opinião doutrinal, entretanto, foi atropelada pelo diploma de processo civil de 1973, cujo art. 458, declarava ser o relatório requisito (ou elemento) **essencial** da sentença e do acórdão. O adjetivo **essencial** não constava do art. 280 do digesto de 1939. O CPC de 2015, como acabamos de ver, considera o relatório como um dos **elementos essenciais** da sentença.

Em que pese ao fato de o relatório figurar como elemento essencial para a validade da sentença e do acórdão, no sistema do CPC em vigor, e de conhecermos as razões históricas pela qual os textos legais exigem a presença desse capítulo, entendemos que, de *lege ferenda,* as sentenças e os acórdãos poderiam prescindir dessa síntese retrospectiva dos principais acontecimentos do processo, sem qualquer prejuízo para a qualidade da entrega da prestação jurisdicional e dos interesses das partes. Justifiquemo-nos.

As experiências da vida prática estão a demonstrar, sobejamente, que o relatório foi, ao longo do tempo, se transformando em uma parte algo burlesca das sentenças e dos acórdãos, sendo essa a face que apresenta na atualidade. Realmente, o que se vê, hoje, é o relatório ser: a) extremamente lacônico, resumindo-se a uma referência superficial a alguns fatos da causa, ou b) extremamente prolixo e maçante. No primeiro caso, não raro, o relatório é elaborado pelo próprio juiz, que, preocupado com o volume de serviços e com a pletora de ações e recursos, e com o pouco tempo de que dispõe para dar vazão a tudo isso, no prazo legal, acaba por mutilar o relatório; quando não, adota um relatório-padrão, a ser utilizado na generalidade dos casos, e que, por isso mesmo, é redigido em termos vagos e subjetivamente inespecíficos. No segundo caso, o juiz, pelos motivos já expostos, comete a um serventuário (assessor ou não) o encargo de confeccionar o relatório. A consequência é que, para agradar ao juiz ou por desconhecer a regra de brevidade que preside a elaboração dessa parte da sentença ou do acórdão, o serventuário faz um relatório longo, absurdamente detalhado, no qual, muitas vezes, são reproduzidos, quase que por inteiro, a inicial, a resposta do réu, o depoimento das partes, a inquirição das testemunhas, o laudo pericial e o mais...

É óbvio que tanto a falta quanto o excesso comprometem a razão de ser do relatório como elemento essencial da sentença e do acórdão de mérito, desprestigiando-os, por assim dizer. *In medio stat virtus* (a virtude está no meio), já advertia Horácio. Não é, todavia, por estarmos impressionados com essas faltas ou com esses excessos que estamos a preconizar o banimento, por lei futura, do relatório como parte imprescindível para a validade formal da sentença e do acórdão, no processo do trabalho. O que nos leva a formular essa sugestão é o fato de considerarmos o relatório um capítulo inútil, se levarmos em conta a razão pela qual passou a ser exigido pelos sistemas processuais. Ora, se o escopo da lei é fazer com que o juiz, pelo relatório, demonstre às partes — e, de certa forma, à sociedade — haver manuseado os autos e, desse modo, haver mantido contato com os elementos de que se valerá para formar o seu convencimento jurídico a respeito dos fatos da causa, essa demonstração poderá ser feita na própria fundamentação, esta, sim, parte **efetivamente** essencial da sentença e do acórdão.

Com efeito, ainda que se venha, de *lege ferenda*, a dispensar o relatório (como ocorreu no procedimento sumariíssimo: CLT, art. 852-I, *caput*), o relator poderá demonstrar, na motivação do acórdão, que compulsou os autos, pois aí fará, necessária e naturalmente, referência aos fatos narrados pelas partes ou por terceiros, aos argumentos jurídicos por todos eles expendidos, às provas produzidas, aos incidentes verificados, às razões finais, ao parecer do Ministério Público etc. De nada adianta, por exemplo, para o Direito e para os litigantes, o acórdão conter um relatório longo, maçudo, e a fundamentação ser frágil, lacunosa e inconsistente.

Até que nossa sugestão se torne realidade, em termos de procedimento ordinário, o que de concreto se tem é a exigência legal de que o acórdão contenha relatório, sob pena de ser atacado pela via rescisória, com fundamento no art. 966, V, do CPC. Com vistas a isso, só nos cabe aconselhar que se elaborem relatórios sucintos, sem que essa brevidade constitua pretexto para omissões ou atrofias deliberadas dos fatos principais do litígio. Sendo assim, será bastante que o relator aluda, resumidamente, aos fatos narrados pelo autor e aos pedidos formulados, ao valor dado à causa, à resposta do réu (que poderá ser mais de uma), às provas produzidas, aos eventuais incidentes, às razões finais, ao parecer do Ministério Público — sem ingressar no exame do conteúdo desses atos, pois essa investigação interna constituirá objeto da segunda parte do acórdão, a fundamentação. Relatórios extensos, longe de realçarem os principais fatos da lide, só contribuem para ocultá-los dentre tantos outros, irrelevantes ou impertinentes.

Por outro lado, embora os juízes costumem destacar, no acórdão, as três partes essenciais (relatório, fundamentação e dispositivo), cuja praxe deve ser estimulada, pela sua utilidade prática e pelo seu caráter didático, não há imposição legal quanto a isso. O que se requer é que essas partes se apresentem em uma ordem lógica, de tal modo que o relatório preceda à fundamentação, e, esta, ao dispositivo. Quebrar essa ordem será tumultuar a estrutura formal e lógica do acórdão.

Nada impede, ainda, que o relatório (para cogitarmos, por enquanto, somente dele) esteja implícito na fundamentação, sem ser, portanto, identificado por um título específico; o que importa é que, lendo-se a fundamentação, saiba-se em que ponto ele se encontra.

Alguns juízes, aliás, ainda não perceberam o vício tautológico em que soem incorrer, quando, **após destacarem o relatório** e efetuá-lo, concluem-no, dizendo: "Este é o relatório. Passo a decidir". Ora, a frase "este é o relatório" só se justifica quando este não se encontra especificado no texto do acórdão. Abandone-se, por isso, essa praxe viciosa, que vem de um tempo distante.

Até esta parte, estivemos com a atenção fixada nos acórdãos de mérito. O que dissemos, com relação a eles, em tema de relatório, também se aplica aos acórdãos que ponham fim ao processo sem julgamento da lide. Quanto a estes, em se tratando de competência originária do tribunal (ação rescisória, mandado de segurança, ação coletiva, ação cautelar etc.), o relatório será semelhante ao de uma sentença, com a particularidade de que, em alguns casos, deverá aludir ao parecer exarado pelo Ministério Público. Sendo o relatório concernente a acórdão proferido em grau de recurso, conterá, também, os elementos exigidos pelo art. 489 do CPC e referirá o parecer do Ministério Público do Trabalho.

b) Fundamentação

Sentença ou acórdão sem fundamentação é ato de pura arbitrariedade judicial. Como alerta Franco Lancelloti, não é suficiente que o juiz faça justiça: é necessário que demonstre **como** fez justiça, para, dessa maneira, satisfazer a um imperativo dos regimes democráticos.

Dentre os elementos essenciais da sentença e do acórdão, a motivação é a única que possui assento constitucional. Estabelece, efetivamente, o inc. IX, do art. 93, da Suprema Carta Política do País, a exigência de que sejam "fundamentadas todas as decisões, sob pena de nulidade". Até onde sabemos, a propósito, foi esta a primeira vez que o constituinte brasileiro se preocupou não apenas com um requisito de validade formal da sentença ou do acórdão, mas, em cominar de nulo o ato decisório que não atenda a essa exigência.

A necessidade de fundamentação das sentenças estava expressa nas próprias Ordenações reinóis portuguesas, como revelam as Filipinas:

> "E para as partes saberem se lhes convém apelar ou agravar das sentenças definitivas, ou vir com embargos a elas, e os juízes da mor alçada entenderem melhor os fundamentos, por que os juízes inferiores se movem a condenar, ou absolver, mandamos que todos nossos desembargadores, e quaisquer outros julgadores, ora sejam letrados, ora não o sejam, declarem especificadamente em suas sentenças definitivas, assim na primeira instância, como no caso de apelação ou agravo, ou

revista, as causas, em que se fundaram a condenar, ou absolver, ou a confirmar ou revogar" (Livro 3º, tít. LXVI, n. 7).

Já não vigora, felizmente, nos modernos sistemas processuais, o princípio do livre convencimento, que se difundiu à sombra do lema da liberdade, adotado pela Revolução Francesa, conforme o qual o juiz poderia decidir "segundo sua consciência e sua íntima convicção", cuja cláusula, em decorrência da ousada amplitude da discricionariedade que atribuía ao juiz, permitia, até mesmo, o julgamento contra a prova dos autos. Hoje, o magistrado tem ampla liberdade na formação do seu convencimento jurídico acerca dos fatos da causa, desde que o faça com base na prova existente nos autos. Este é o princípio a que a doutrina tem denominado de "persuasão racional", e que preferimos chamar de "livre convencimento motivado", pois nessa expressão se encontram aglutinadas as duas regras pelas quais o juiz deve orientar-se com vistas à formação de sua convicção jurídica: liberdade + provas. Esse princípio estava inscrito no art. 131, do CPC, de 1973, que permitia ao juiz apreciar "livremente a prova", embora devesse indicar, na sentença, os motivos que lhe formaram o convencimento. Dir-se-ia, talvez, que esse princípio teria sido banido do CPC de 2015, cujo art. 371 se limita a declarar que o juiz "apreciará a prova constante dos autos", sem fazer qualquer referência à **liberdade** nessa apreciação. Os estudiosos do processo civil terão que mourejar para tentar justificar a permanência desse princípio no sistema do CPC em vigor. No que respeita ao processo do trabalho a tarefa parecer ser mais fácil, pois basta conjugar o art. 371, do CPC, com o art. 765, da CLT – que atribui ao juiz ampla liberdade na direção do processo – para que se tenha argumento suficiente para sustentar a sobrevivência do princípio do livre convencimento motivado, nos sítios deste processo.

Para usarmos uma ilustração de Couture, poderíamos dizer que, atualmente, a liberdade do juiz, no campo da formação de seu convencimento jurídico sobre os fatos narrados pelos litigantes, é comparável à de um prisioneiro: pode ir aonde quiser, contanto que seja no interior da cela. A cela, na metáfora, são as provas dos autos. Na fundamentação, o juiz apreciará e resolverá todas as matérias e questões, de fato e de direito, que digam respeito à causa, aí compreendidas as que tenham sido alegadas pelas partes e aquelas que possa conhecer por sua iniciativa.

Dessa forma, segundo uma ordem lógica, ele resolverá, por exemplo, questões pertinentes a preliminares (inexistência ou nulidade de citação, incompetência absoluta, inépcia da inicial, perempção, litispendência, coisa julgada, conexão, incapacidade de parte, defeito de representação, carência da ação etc.), caso – é elementar –, não as tenha apreciado anteriormente. Os que atuam na Justiça do Trabalho sabem que os juízes, quase sempre, se reservam para examinar ditas preliminares no próprio acórdão de fundo, o que não deixa de configurar erro de procedimento, pois elas, em princípio, por sua natureza, devem ser resolvidas antes dessa fase. Algumas dessas preliminares, e. g., quando acolhidas no momento oportuno, impedem a citação (incompetência absoluta, inépcia da petição inicial, carência da ação etc.) ou a preparação da sentença de mérito (litispendência, coisa julgada, conexão, perempção etc.), o que corresponde a asseverar: evitam o dispêndio inútil de atividade pública (jurisdicional) e privada (das partes).

São frequentes as situações em que a parte alega mais de uma preliminar, hipótese em que o relator ou o tribunal deverá estabelecer uma ordem lógica de apreciação, sob pena de graves faltas contra a técnica. Se, digamos, o réu alega a incompetência do juízo e a inépcia da inicial, é evidente que o juízo deverá apreciar, por primeiro, a incompetência, até para poder dizer, depois, se for o caso, se a inicial é apta ou inepta. Seria desarrazoado supor que o juízo, sem decidir sobre a sua competência, pudesse apreciar a alegação de inépcia, fosse para acatá-la ou rejeitá-la.

Havendo, a um só tempo, arguição de suspeição de um juiz e de incompetência relativa do juízo (embora essas matérias não constituam preliminar, mas espécie de resposta do réu), deverá ser examinada, primeiramente, a exceção de suspeição, porquanto a existência de juiz imparcial figura como pressuposto de constituição válida da relação processual. Seria desassisado imaginar, por exemplo, que o relator, a quem se considera suspeito, devesse, antes, se pronunciar sobre a incompetência relativa, ou seja, sem que houvesse sido examinada a causa da suspeição.

É curioso observar, aliás, o fenômeno que ocorre com as matérias que constituem, tipicamente, objeto de preliminares, em primeiro grau (CPC, art. 337), quando são renovadas ou ventiladas em recurso. Lembremos que, no terreno da ação rescisória, os tribunais funcionam como órgãos de primeiro grau. Pois bem, digamos que o réu alegue, na contestação à ação rescisória, a ilegitimidade do autor. No plano do tribunal regional, em que a ação foi exercida, essa matéria deve, efetivamente, ser suscitada como preliminar do mérito, conforme dispõe o art. 373, XI, do CPC (ausência de legitimidade). No recurso (de revista) que o réu vier a interpor do acórdão, que rechaçou a referida preliminar, esta não deverá ser tratada como tal, e, sim, como mérito do recurso (logo, em sentido estrito), em contraposição ao mérito da causa (sentido amplo). Expliquemo-nos. Se o acórdão repeliu a preliminar mencionada e acolheu o pedido do autor, condenado o réu a pagar-lhe, digamos, determinada indenização, e este recorre desses dois capítulos da decisão, aquela preliminar, no recurso, perde essa característica e se converte em mérito estrito, assim entendido o mérito do recurso, que não se confunde com o mérito da causa, ou da demanda, aqui representado pela indenização. Para que melhor sejam compreendidas as nossas razões, modifiquemos, em parte, a situação imaginada, e consideremos que o acórdão rejeite não só a preliminar de carência da ação, como os próprios pedidos formulados pelo autor (mérito da demanda). Nesta hipótese, o réu, ainda que vencedor quanto ao mérito da causa (indenização), terá, sem sombra de dúvida, interesse (tomado o vocábulo em seu significado rigorosamente processual) em recorrer, adesivamente, do acórdão, para ver declarada a falta de legitimidade do autor. Nesse caso, a propósito, o recurso do réu, conquanto adesivo, deverá ser apreciado em primeiro lugar, pois se o tribunal pronunciar a carência da ação, ficará prejudicado o exame do recurso do autor. Pois bem, o recurso adesivo do réu terá, aí, como único objeto (ou conteúdo), a alegação de carência da ação; logo, se fôssemos tratar essa matéria como preliminar, ficaríamos em dificuldade de justificar a existência de uma preliminar que não antecede a nenhuma outra matéria submetida pela parte a reexame pelo tribunal. Seria, afinal, uma preliminar do quê? Para o réu, como afirmamos, o único motivo que o levou a recorrer do acórdão, que lhe foi favorável quanto ao mérito, repousa no interesse de ver declarada, pelo órgão *ad quem*, a falta de legitimidade *ad causam* do autor. A obtenção de um provimento jurisdicional declaratório da carência da ação constitui, portanto, a única matéria contida no recurso do réu; sendo assim, ela traduz, na verdade, o que temos denominado de mérito estrito, ou de "mérito do recurso", que nada tem a ver como o mérito da causa, este, em regra, vinculado ao direito material, ao passo que aquele se liga, em princípio, ao direito processual.

Tentando resumir a nossa opinião acerca do tema, podemos dizer que, de modo geral, as preliminares previstas no art. 337 do CPC se transformam em mérito estrito ou "mérito do recurso" quando renovadas perante o tribunal ou aí suscitadas pela primeira vez, em grau de recurso. O mesmo afirmamos quanto às conhecidas alegações de "cerceamento de defesa", que tenham sido repelidas pelo acórdão emitido pelo tribunal *a quo*. A nosso ver, devem ser tratadas como preliminares dos recursos, apenas, as arguições que se relacionem com os pressupostos de admissibilidade, sejam subjetivos ou objetivos, excluídas, quanto àqueles, as condições da ação, especialmente, a legitimidade *ad causam* e o interesse processual, que bem ficarão se apreciadas como mérito estrito. Destarte, devem ser tratadas: a) como preliminares, as assertivas de intempestividade, de deserção, de irrecorribilidade do ato etc., corresponde a afirmar, tudo aquilo que tiver como objeto a inadmissibilidade do recurso; b) como mérito estrito, ou mérito do recurso, as matérias descritas no art. 337 do CPC, sem prejuízo de outras, que se amoldem a essa regra; c) como mérito da causa, ou da demanda, as questões que se vinculem ao direito material, ou seja, à *res in iudicio deducta*.

Inexistindo preliminares a serem examinadas, ou tendo sido rejeitadas, incumbirá ao tribunal cuidar das prejudiciais de mérito, acaso levantadas. Dentre essas prejudiciais a mais comum, na ação rescisória, é a de decadência. Essa matéria pode, inclusive, ser examinada *ex officio* (Código Civil, art. 210; CPC, art. 487, III).

Superadas as preliminares e as prejudiciais, só aí estará o órgão jurisdicional autorizado a ingressar no exame do mérito, oportunidade em que apreciará as matérias que configurem o fundo da demanda.

Na fundamentação, ao tribunal incumbirá apreciar todas as questões que lhe foram submetidas pelas partes, assim como aquelas que possam conhecer *ex officio*. Não concordamos com a opinião doutrinal de que não há necessidade de serem examinadas todas as questões. Esse parecer, de que estamos a dissentir, talvez fosse sustentável na vigência do CPC de 1939, cujo art. 280, *caput*, se limitava a ressaltar que a sentença (ou o acórdão) deveria conter "os fundamentos de fato e de direito" (inc. II). O art. 489 do Código atual, bem ao contrário, adverte que, na motivação ao juiz caberá **analisar** fundadamente as questões de fato e de direito (inc. II). Analisar não significa ignorar, passar ao largo, senão que apreciar significa formular juízo de valor. Com isso, estamos afirmando que o tribunal não atenderá a essa exigência legal se fizer simples alusão às questões de fato e de direito, suscitadas pelos litigantes, sem, contudo, apreciá-las.

Se o órgão jurisdicional — se por inadvertência ou de maneira deliberada é algo que não vem ao caso investigar — saltar uma dessas questões, haverá omissão, que, por isso, ensejará o oferecimento de embargos declaratórios, a fim de que o juízo complemente (adequadamente) a entrega da prestação jurisdicional, sob pena de nulidade processual, por negativa dessa prestação. Não estamos, com estas considerações, a insinuar que o tribunal esteja obrigado a analisar, inclusive, as questões de nonada, ou seja, irrelevantes para a solução do litígio, ou que não têm pertinência com a lide. Mesmo assim, ele deve dizer dessa irrelevância ou dessa impertinência, sob pena de ser compelido a fazê-lo por força de embargos de declaração.

A Súmula n. 297, I, do TST exige que a matéria a ser ventilada em sede de recurso de revista seja prequestionada perante o juízo emissor do acórdão impugnado, sob pena de preclusão. Ao afirmar que esse prequestionamento deva ser empreendido por meio de embargos declaratórios, a Súmula, de um lado, rendeu homenagem no art. 489, II, do CPC, embora, de outro, deu causa a uma verdadeira maré-montante de embargos de declaração, alguns deles, opostos e com intuito procrastinatório. Embargos outros, todavia, apresentados com a finalidade de prequestionar o tema, acabam sendo equivocadamente interpretados como procrastinatórios, motivando, com isso, a aplicação de multa pecuniária ao embargante. Bem faria o TST se adotasse Súmula de conteúdo semelhante à de n. 98, do STJ, assim redigida: "Embargos de declaração manifestados com notório propósito de prequestionamento não têm caráter protelatório". A Súmula n. 297, I, do TST reproduz, com pequenas nuanças de literalidade, a Súmula n. 356 do STF, que versa sobre recurso extraordinário.

A propósito, segundo o vetusto discurso dogmático, o prequestionamento constitui requisito fundamental para o julgamento dos recursos de natureza extraordinária (como é o recurso de revista do processo do trabalho), pois é por meio desse **prévio questionar** que o órgão *ad quem* poderá verificar se o *a quo* adotou tese a respeito do tema que é objeto do recurso. Entretanto, a Súmula n. 297, do TST, ao afirmar, no item III, que se considera prequestionada a questão jurídica invocada no recurso principal "sobre a qual se omite o Tribunal de pronunciar tese, não obstante opostos embargos de declaração", cai por terra o precitado discurso, pois, em última análise, admite a possibilidade de proceder ao julgamento do recurso sem que o Tribunal *a quo* tenha, efetivamente, pronunciado tese acerca do tema. Qual, enfim, é a verdadeira razão do prequestionamento?

Tem-se afirmado que a exigência de fundamentação das sentenças e dos acórdãos visa a permitir que a parte vencida possa conhecer as razões jurídicas pelas quais o juízo não acolheu as suas pretensões, e, com isso, recorrer ao tribunal, com objetivo de modificar o pronunciamento desfavorável. Não negamos que a motivação da sentença ou do acórdão possa prender-se, em princípio, a essa finalidade, pois a parte, tendo ciência das razões de decidir, poderá argumentar, perante o órgão de reexame, por exemplo, que o acórdão apreciou de maneira equivocada os fatos, seja admitindo fatos inexistentes ou negando a existência de fatos demonstrados nos autos; valorou mal a prova; interpretou erroneamente as normas jurídicas incidentes etc. Se considerarmos, entretanto, a presença de sentenças irrecorríveis, em nosso meio (Lei n. 5.584/1970, art. 2º, § 4º), veremos que o argumento exposto não é de todo perfeito, pois, neste caso, a impossibilidade legal de impugnação a essas sentenças (exceto de implicarem violação à Constituição Federal) poderia conduzir à conclusão de que não precisam ser fundamentadas.

Em rigor, atualmente, a exigência de serem motivados os pronunciamentos jurisdicionais (máxime, os dotados de aptidão para dar fim ao processo) deriva menos da necessidade de permitir-se que as partes possam impugnar as decisões, do que de um mandamento constitucional inflexível (CF art. 93, IX). Ou, quem sabe, deva ser dito que essa imposição constitucional se destina, justamente, a assegurar o direito dos litigantes, quanto a conhecerem as razões jurídicas pelas quais o juiz ou o tribunal solucionou o conflito de interesses de modo desfavorável a um deles, ou, mesmo, a ambos.

Por um motivo ou por outro, o fato é que as sentenças e os acórdãos devem ser juridicamente fundamentados, sob pena de nulidade. Na raiz dessa exigência está a preocupação política de nosso constituinte de evitar que os indivíduos e as coletividades sejam compelidos a submeter-se a provimentos jurisdicionais produzidos pela vontade ocasionalmente arbitrária dos magistrados. Se o Estado detém, por motivos historicamente justificáveis, o monopólio da jurisdição, impedindo, assim, a autotutela de direitos, é absolutamente indispensável que o juiz, ao compor a lide, apresente às partes as razões jurídicas que influíram na formação do seu convencimento acerca dos fatos da causa. Parece-nos apropriado concluir, portanto, que o Estado está obrigado a prestar a tutela jurisdicional não somente de maneira rápida, mas, também, e acima de tudo, fundamentada.

A obrigação de fundamentar a sentença estava, já, nas Ordenações reinóis portuguesas, como revelam as Filipinas (Livro 3º, título LXVI, n. 7), que impunham ao juiz multa de vinte cruzados, caso descumprisse essa exigência. Dada a recalcitrância dos magistrados, no que tange ao acatamento dessa regra, a mencionada multa foi, mais tarde, elevada ao triplo, por Alvará de 16 de setembro de 1814. É bem verdade que essa Ordenação não declarava nula a sentença que deixasse de conter fundamentação, cujo fato era reconhecido pela doutrina do período. De qualquer forma, a obrigação de o juiz motivar as suas decisões, imposta pelas Ordenações, representou um redentor rompimento com o direito comum, então vigente, que não formulava nenhuma exigência dessa ordem.

A cláusula constitucional que exige a fundamentação de todas as decisões judiciais não significa, necessariamente, que o juiz ou o tribunal deva indicar as normas legais em que se baseou para formar a sua convicção, e, sim, que o seu convencimento está de acordo com o direito vigente à época dos fatos. Os juízes e os tribunais, todavia, zelosos em seu ofício, costumam referir os textos legais em que se apoiaram para decidir, cuja praxe, por ser altamente salutar, deve ser estimulada. Uma ponderação, apenas: como a Justiça do Trabalho é, à evidência, especializada, pois só lhe compete dirimir lides envolvendo trabalhadores e empregadores (para nos ocuparmos com a regra geral), é natural que os juízes, assim como os advogados que nela militam, conheçam, até com certa profundidade, as normas materiais e processuais que devam ser manipuladas para efeito de solução dos conflitos. Sendo assim, ao se pronunciarem sobre matérias ou questões rotineiras, ou seja, sobre aquelas que estão, habitualmente, presentes nas petições iniciais e nas respostas dos réus, podem os juízes acolher ou rejeitar os pedidos que as tenham como objeto, sem indicação da norma legal incidente. A indicação do dispositivo legal será recomendável, porém, quando a sua aplicação prática for escassa; sua vigência for muito recente; não pertencer ao direito material ou ao processual, ambos do trabalho (norma forânea); disser respeito a atividades ou profissões específicas etc.

A sentença e o acórdão, em suma, devem ser fundamentados, ainda que de maneira concisa. Reconhecemos, no entanto, que, em muitas situações, os pronunciamentos jurisdicionais se situam em uma linha muito tênue, em uma zona cinzenta, que separa a fundamentação sucinta da falta de fundamentação. Aqui, não poderá haver meio-termo: ou se diz que há fundamentação, ou se reconhece que ela inexiste e, em consequência, dá-se ao julgado a sorte que merecer. Muitos juízes do trabalho, aliás, costumam lançar, na fase de liquidação da obrigação consubstanciada no título executivo, uma decisão nestes termos: "Homologo os cálculos do contador. Cite-se". Rigor à frente, decisões que tais não atendem ao art. 93, IX, da Constituição Federal, porquanto não possuem um mínimo de fundamentação. Mais uma vez, devemos observar que a **decisão lacônica** não se confunde com a **decisão destituída de fundamento jurídico**; esta última é desrespeitosa do texto constitucional. Sendo assim, nas decisões sobre liquidação o juiz deve fundamentar, ainda que minimamente, as razões pelas quais homologa o cálculo do contador – designadamente, quando houve intensa controvérsia a respeito desses cálculos.

De resto, devemos advertir que pouco importa os motivos pelos quais o juiz ou o tribunal haja deixado de fundamentar a sentença ou o acórdão: a ausência desse requisito essencial fará nulo o pronunciamento jurisdicional, objetivamente considerado, por ser produto da vontade arbitrária do julgador.

c) Dispositivo

A terceira e última parte da estrutura da sentença ou do acórdão é o dispositivo (ou *decisum*), em que, segundo o inc. III, do art. 489, do CPC, "o juiz resolverá as questões principais que as partes lhe submeterem".

Essa disposição legal, contudo, é imperfeita, pois no dispositivo o juiz não **resolve** nenhuma questão, mas, apenas, proclama o resultado da apreciação dessas questões, realizada na fundamentação.

Ao declarar que a sentença ou o acórdão acolherá, no todo ou em parte, os pedidos formulados pelo autor, o art. 490, do CPC, está levando em conta dois fatos: a) que a sentença ou o acórdão haja ingressado no exame do mérito; b) que esse acolhimento ou essa rejeição sejam pronunciados, conclusivamente, no dispositivo. Isso conduz à ilação lógica de que: a) se a sentença (ou o acórdão) não apreciou o mérito, nenhum pedido haverá para ser acolhido ou rejeitado; b) o dispositivo declarará a extinção do processo, sem julgamento da *res in iudicio deducta*, sendo o autor condenado ao pagamento das custas, se for o caso.

O art. 490, do CPC, aliás, presta homenagem à precisão terminológica, ao aludir à **rejeição** ou ao **acolhimento** do pedido. A despeito disso, segue firme a equivocada tradição forense, consistente em fazer uso de expressões, como: "julgar procedente o pedido", "julgar improcedente o pedido", "julgar procedente a ação" e similares. Os pedidos, em rigor, sempre **procedem**, pois vêm de algum lugar (da inicial); o que eles devem ser é **acolhidos** ou **rejeitados** – seja no todo ou em parte.

A importância do dispositivo da sentença ou do acórdão está em que, por meio dele, dirá o juiz ou o tribunal se condena o réu ou se o absolve (*vel condemnatione vel absolutione contingit*, conforme o Digesto). Demais, dentre as partes da sentença ou do acórdão o dispositivo é o único, em princípio, que se submete aos efeitos da coisa julgada material. Declara, realmente, o art. 504 do CPC não fazerem coisa julgada: a) a motivação, ainda que importante para determinar o alcance da parte dispositiva da sentença (I); b) a verdade dos fatos, estabelecida como fundamento da sentença.

A particularidade de passar em julgado, unicamente, o dispositivo faz com que, na prática, o autor possa voltar a juízo com um pedido que, conquanto houvesse sido formulado em ação anterior, não integrou a parte conclusiva da sentença ou do acórdão, que resolveu aquela lide.

O dispositivo deve ser uma consequência lógica do que se apreciou na fundamentação, uma conclusão congruente, enfim, com os argumentos lá expendidos pelo juiz ou pelo tribunal. Se este diz, na motivação, que ficou demonstrada a violação manifesta à norma jurídica denunciada pelo autor, mas, no dispositivo, rejeita o pedido de desconstituição da coisa julgada, é evidente que há, nisso, uma incoerência, uma contradição intransponível, que ensejará o uso de embargos declaratórios, para escoimar esse vício do acórdão.

É no dispositivo da sentença ou do acórdão que o juiz proclamará o **resultado** do julgamento, acolhendo ou rejeitando os pedidos do autor, ou declarando extinto o processo sem resolução do mérito, conforme seja a hipótese. Conforme advertimos há pouco, construções como: "julgar procedente (ou improcedente) a ação", "julgar procedentes os pedidos", embora estejam no gosto de muitos magistrados, devem ser evitadas, por traduzirem falta contra a técnica, a lógica e os princípios, mormente a primeira delas. Se o órgão jurisdicional chegou a examinar o mérito, não pode dizer que a ação, como direito público subjetivo, foi "improcedente". Os pedidos, mesmo que rejeitados, não deixam de ser "procedentes", pois têm uma origem, procedem (vêm) de algum lugar.

Como estamos a discorrer sobre ação rescisória, é conveniente observar que, na parte dispositiva do acórdão, o tribunal deverá proclamar o resultado do julgamento, tanto no tocante ao *iudicium rescindens* (rescisório), quanto ao *rescissorium* (novo julgamento da lide), sempre que for o caso, sob consequência de revelar-se omisso e, diante disso, ensejar o oferecimento de embargos declaratórios pelo interessado.

Dissemos, no capítulo XIII, na primeira parte deste livro, que constitui dever do autor cumular os pedidos de rescisão e de novo julgamento, sempre que for o caso, e que se houver a formulação, apenas, do primeiro, deverá o relator determinar que a falta seja suprida, sob pena de indeferimento da inicial. Reiteramos, agora, esse ponto de vista. Desejamos, apenas, acrescentar a nótula de que se o tribunal, após rescindir a sentença ou o acórdão, julgar (novamente) a lide (*iudicium rescissorium*), sem que esse julgamento tenha sido requerido pelo autor, incorrerá em pronunciamenteo *extra petita,* rendendo, com isso, ensejo a que o acórdão seja declarado nulo, na parte em que excedeu aos limites do pedido (CPC, arts. 141 e 492). Essa nulidade poderá ser declarada em sede de recurso ou de ação rescisória, nesse último caso, com fulcro no art. 485, inciso V, do CPC.